Christof Bechtiger

AF223355

Hypnose
Mythen, Wissenschaft und Anwendung

Christof Bechtiger

Hypnose

Mythen, Wissenschaft und Anwendung

Impressum

Bibliografische Information der Deutschen Nationalbibliothek: Die Deutsche Nationalbibliothek verzeichnet diese Publikation in der Deutschen Nationalbibliografie; detaillierte bibliografische Daten sind im Internet über http://dnb.dnb.de abrufbar.

Verlag: BoD · Books on Demand GmbH, In de Tarpen 42, 22848 Norderstedt

Druck: Libri Plureos GmbH, Friedensallee 273, 22763 Hamburg

ISBN: 978-3-7693-0425-1

INHALTSVERZEICHNIS

Einleitung

Liebe Leserinnen und Leser,

willkommen zu einer faszinierenden Entdeckungsreise in die Welt der Hypnose. Dieses Buch richtet sich an alle, die ein tieferes Verständnis für Hypnose entwickeln möchten – ohne überzogene Erwartungen und frei von falschen Versprechungen. Hypnose ist ein Werkzeug, das in den richtigen Händen enorme Potenziale birgt – sei es zur persönlichen Weiterentwicklung, in therapeutischen Kontexten oder einfach als Mittel, das Unbewusste zu erforschen.

Es gibt viele Mythen und Missverständnisse über die Hypnose. Ist man unter Hypnose wirklich willenlos? Ist Hypnose gefährlich? Diese Fragen werde ich auf den kommenden Seiten ehrlich beantworten. Mein Anliegen ist es, Ihnen die Wahrheit über die Hypnose näherzubringen: Ihre Stärken, ihre Anwendungsbereiche, aber auch ihre Grenzen und Risiken.

Was Ihnen dieses Buch bieten kann, ist ein solides und wissenschaftlich fundiertes Verständnis der Hypnose. Es wird Ihnen einen realistischen Einblick geben, wie Hypnose wirkt, wie sie eingesetzt werden kann, und wo die Grenzen liegen. Aber ich möchte auch klarstellen, dass dieses Buch keine vollständige Ausbildung ersetzt. Das Erlernen von Hypnose erfordert Übung, Geduld und – vor allem – Verantwortung.

Ich lade Sie ein, mit offenem Geist und einer gesunden Portion Neugier die Seiten dieses Buches zu erkunden. Es ist mein Ziel, nicht nur Wissen zu vermitteln, sondern auch Vorurteile abzubauen und die Hypnose als das zu zeigen, was sie wirklich ist: ein mächtiges Werkzeug, aber kein magisches Wundermittel.

Lasst uns gemeinsam eintauchen – in die Welt der Hypnose, ihrer Mythen, ihrer Anwendung und ihrer Wissenschaft.

1. Die Welt der Hypnose – Ein Überblick

Was ist Hypnose?

Hypnose ist ein faszinierender Zustand, der zwischen tiefer Entspannung und konzentrierter Aufmerksamkeit liegt. Oft wird angenommen, dass jemand, der „hypnotisiert wurde", komplett willenlos ist. In Wahrheit ist Hypnose jedoch weit weniger mysteriös, als viele glauben, und bei weitem kein magischer Zustand, in dem die Kontrolle verloren geht.

Hypnose ist vielmehr ein natürlicher Zustand des Geistes. Sie lässt sich mit dem Gefühl vergleichen, so sehr in ein Buch vertieft zu sein, dass die Umgebung um einen herum vergessen wird, oder in einen Tagtraum verwickelt zu sein, sodass die Zeit schneller vergeht. Das sind alltägliche Beispiele für tranceähnliche Zustände, die der Hypnose sehr nahekommen. In der Hypnose wird genau diese tiefe Konzentration genutzt, um Zugang zum Unterbewusstsein zu erhalten und positive Veränderungen zu ermöglichen.

Hypnose unterscheidet sich von normalen Entspannungszuständen durch ihre außergewöhnliche Tiefe und das Potenzial, weitreichende Veränderungen zu bewirken. Hypnose ermöglicht es, die Schutzbarrieren des bewussten Verstandes zu umgehen und direkt mit dem Unterbewusstsein zu arbeiten, wo viele tief verwurzelte Glaubenssätze, Ängste und Verhaltensmuster liegen. Dies eröffnet zahlreiche Möglichkeiten, das eigene Leben positiv zu verändern.

Was kann Hypnose wirklich leisten?

Hypnose bietet eine breite Palette an faszinierenden Möglichkeiten, die sowohl auf kognitiver als auch auf physiologischer und psychosomatischer Ebene wirksam sind. Im Folgenden wird dargestellt, welche besonderen Phänomene in der Hypnose auftreten können und wie sie genutzt werden:

Kognitive Phänomene

Unter Hypnose kann es zur **eidetischen Erinnerungsfähigkeit** oder **Hypermnesie** kommen. Das bedeutet, dass das Gedächtnis erstaunlich präzise und detailreiche Erinnerungen abrufen kann, die im Alltag oft verborgen bleiben. Dies kann insbesondere in der therapeutischen Arbeit helfen, vergangene Ereignisse besser zu verstehen und tiefergehende Einsichten zu gewinnen. Ein eindrucksvolles Beispiel ist die detaillierte Erinnerung an Kindheitserlebnisse, die unter Hypnose oft lebendig und emotional intensiv werden. Solche Erinnerungen bieten die Möglichkeit, tiefliegende Muster zu erkennen und aufzulösen. Ein weiteres kognitives Phänomen ist die **Amnesie**: Bestimmte Erinnerungen können während oder nach der Hypnose blockiert oder unterdrückt werden, was therapeutisch genutzt wird, um belastende Erlebnisse zeitweise auszublenden und den Fokus auf positive Veränderungsprozesse zu legen.

Unwillkürliche Gedankengänge

Während im normalen Wachzustand versucht wird, Probleme bewusst zu lösen, übernimmt in der Hypnose das Unterbewusstsein diesen Prozess. Dadurch werden oft kreative Lösungen und neue Perspektiven entwickelt, die im bewussten Zustand schwer zugänglich sind. Willkürliche Gedankengänge werden durch **unbewusste und unwillkürliche Suchprozesse** ersetzt, was oft zu erstaunlichen Ergebnissen führt. Ein Beispiel hierfür ist die Fähigkeit, in der Hypnose plötzlich Lösungen für Probleme zu erkennen, die vorher unlösbar schienen. Das Unterbewusstsein arbeitet ungehindert von den bewussten Blockaden und kann somit neue und kreative Ansätze finden.

Physiologische Veränderungen

Auch das Gehirn und das Nervensystem sind von Hypnose betroffen. Studien zeigen, dass die Gehirnaktivität während der Hypnose verändert ist: Die Bereiche, die für Vorstellungskraft und Aufmerksamkeit zuständig sind, zeigen erhöhte Aktivität, während die Bereiche für kritisches

Denken gedämpft werden. Dies erleichtert das Annehmen von Suggestionen und ermöglicht tiefere Veränderungen. Zudem beeinflusst Hypnose das **vegetative Nervensystem**: Der Parasympathikus, der für Entspannung und Regeneration verantwortlich ist, wird aktiviert. Dies führt zu einer Verlangsamung der Atmung und des Herzschlags, einem niedrigeren Blutdruck und zur Muskelentspannung. Diese tiefgreifende körperliche Entspannung trägt wesentlich dazu bei, dass viele Menschen in Hypnose Erleichterung von stressbedingten Symptomen erfahren. Manche berichten sogar von einer Verbesserung chronischer Beschwerden, da der Körper in einen Zustand der Heilung versetzt wird.

Psychosomatische Effekte und Analgesie

Hypnose hat erhebliche Auswirkungen auf die **Psychosomatik**, das heißt, auf die Wechselwirkungen zwischen Psyche und Körper. Ein eindrucksvolles Beispiel ist die **Analgesie**, also die Fähigkeit, Schmerzen zu reduzieren oder sogar vollständig auszuschalten. In der Schmerztherapie kann Hypnose genutzt werden, um das Schmerzempfinden durch gezielte Suggestionen zu verändern. Menschen berichten von Schmerzfreiheit während Zahnarztbehandlungen oder sogar bei operativen Eingriffen unter Hypnose – ein beeindruckendes Beispiel für die Macht des Geistes über den Körper. Auch bei der Behandlung von chronischen Schmerzen oder Migräne hat sich Hypnose als äußerst hilfreich erwiesen. Sie wirkt nicht nur auf die subjektive Schmerzwahrnehmung, sondern kann auch die physiologischen Reaktionen des Körpers auf Schmerz modulieren.

Hypnose im therapeutischen Kontext

In der Therapie bietet Hypnose vielfältige Anwendungsmöglichkeiten. Durch die hypnotische Trance ist es möglich, tiefere Ebenen des Bewusstseins zu erreichen und Veränderungen herbeizuführen, die im normalen Bewusstseinszustand nur schwer zugänglich sind. Menschen, die unter Ängsten, Phobien, Süchten oder psychosomatischen Störungen leiden, können durch Hypnose lernen, diese Probleme an der Wurzel zu bearbeiten. So können zum Beispiel Rauchentwöhnung oder Gewichtsreduktion durch die Anwendung von Hypnose nachhaltig unterstützt werden, indem unbewusste Auslöser für diese Verhaltensweisen erkannt und verändert werden.

Ein weiteres Beispiel ist die Behandlung von **posttraumatischer Belastungsstörung (PTBS)**. Hier kann Hypnose helfen, belastende Erinnerungen zu verarbeiten und das damit verbundene emotionale Leid zu lindern. Indem das Unterbewusstsein sicher durch traumatische Ereignisse geführt wird, kann es möglich werden, die damit verbundenen negativen Gefühle zu transformieren und eine Heilung auf tiefer Ebene zu erfahren.

Grenzen der Hypnose und Abgrenzung von Pseudowissenschaft

So erstaunlich die Möglichkeiten der Hypnose auch sind, es gibt klare Grenzen. Ein besonders umstrittenes Thema in der Hypnose sind sogenannte **Rückführungen in frühere Leben**. Es gibt Hypnosesitzungen, in denen Menschen das Gefühl haben, sich an frühere Leben zu erinnern, die sie vor ihrem jetzigen geführt haben. Solche Erfahrungen können sehr lebendig sein und starke emotionale Reaktionen hervorrufen, doch es gibt keine wissenschaftlichen Beweise, dass diese Erlebnisse tatsächliche Erinnerungen an frühere Leben sind. Vielmehr gehen die meisten Forscher davon aus, dass solche „Rückführungen" das Ergebnis von Vorstellungskraft, Suggestion und dem Bedürfnis des Gehirns sind, Lücken im Gedächtnis zu füllen. Diese Rückführungen sind faszinierend, aber im Bereich der Spekulation angesiedelt und sollten daher nicht als belegte Realität angesehen werden.

Auch die Vorstellung, dass Hypnose jemanden vollständig willenlos macht, gehört in den Bereich der Mythen. Obwohl die Suggestibilität unter Hypnose erhöht ist, bleibt der Wille und die Entscheidungsfreiheit immer bestehen. Niemand kann gegen den eigenen Willen dazu gebracht werden, etwas zu tun, das gegen die eigenen Werte oder Überzeugungen verstößt.

Hypnose und die Wahrheit über Showhypnose

Ein weiterer Aspekt, der häufig missverstanden wird, betrifft die sogenannte **Showhypnose**. In Fernsehshows wird suggeriert, dass Hypnotisierte willenlos sind und unter dem absoluten Einfluss des Hypnotiseurs stehen. In Wahrheit jedoch basiert Showhypnose zu einem großen Teil auf sozialen und psychologischen Mechanismen. Menschen, die an solchen Shows teilnehmen, befinden sich in einer Umgebung mit einem starken sozialen Druck, sich entsprechend den Erwartungen zu verhalten. Dies verstärkt die Wirkung der Hypnose, wobei viele Teilnehmer dazu bereit sind, bestimmte Dinge zu tun, um den Erwartungen des Publikums gerecht zu werden. Die Suggestibilität der Teilnehmer ist zwar erhöht, doch auch hier bleibt stets ein gewisses Maß an Kontrolle vorhanden, und niemand kann gegen seinen Willen gezwungen werden, etwas zu tun.

Showhypnose funktioniert also nicht nur durch die hypnotische Trance, sondern auch durch den Einsatz von sozialem Druck, der Gruppendynamik und der Bereitschaft, eine Rolle zu erfüllen. Viele Menschen spielen unbewusst mit, weil sie die Erwartungen des Publikums nicht enttäuschen möchten und weil sie im Rampenlicht stehen. Diese psychologischen Faktoren tragen erheblich dazu bei, dass Hypnotisierte auf der Bühne scheinbar „übernatürliche" Dinge tun. Die Kombination aus Hypnose und sozialem Kontext schafft eine Umgebung, in der ungewöhnliche Verhaltensweisen auftreten können, die ansonsten außerhalb dieser Rahmenbedingungen unwahrscheinlich wären.

Zusammenfassung

Hypnose ist ein vielseitiges Werkzeug, das tiefgreifende Veränderungen auf kognitiver, physiologischer und psychosomatischer Ebene bewirken kann. Sie ermöglicht es, Erinnerungen detailreich wiederherzustellen, kreative Lösungen zu finden, Schmerzen zu reduzieren und tiefe Entspannung zu erfahren. Dabei zeigt sich immer wieder die Macht des Geistes über den Körper. Hypnose kann auch zur Bewältigung psychischer Probleme eingesetzt werden, etwa bei Angstzuständen, Süchten oder traumatischen Erlebnissen.

Gleichzeitig hat Hypnose Grenzen. Sie ist keine magische Methode, die Menschen willenlos macht oder in frühere Leben zurückführt. Es ist wichtig, zwischen wissenschaftlich fundierten Aspekten der Hypnose und pseudowissenschaftlichen Konzepten zu unterscheiden, um die tatsächlichen Möglichkeiten und Grenzen richtig zu verstehen. Showhypnose mag spektakulär erscheinen, doch sie beruht auf einer Mischung aus hypnotischen Techniken, sozialem Druck und dem Wunsch der Teilnehmer, eine Show zu liefern. Die Hypnotisierten behalten immer ein gewisses Maß an Kontrolle und sind keineswegs hilflos der Macht des Hypnotiseurs ausgeliefert.

Hypnose ist letztlich ein faszinierendes und machtvolles Werkzeug, das jedoch – wie jedes Werkzeug – den richtigen Rahmen, Respekt und Verantwortung erfordert, um sein volles Potenzial zu entfalten. Sie ist eine Tür zu den verborgenen Ressourcen des Unterbewusstseins, eine Tür, die es ermöglicht, das eigene Leben auf positive Weise zu verändern. Die Kraft der Hypnose liegt nicht in der Kontrolle durch andere, sondern in der Fähigkeit, das eigene Potenzial zu entdecken und zu nutzen.

2. Die Geschichte der Hypnose

Die Anfänge: Magie, Mystik und Heilende

Die Geschichte der Hypnose reicht weit zurück – wahrscheinlich viel weiter, als die meisten Menschen vermuten würden. Schon in alten Kulturen gab es Praktiken, die den hypnotischen Zuständen ähnlich waren. In Ägypten, Griechenland und Indien finden sich Hinweise auf Rituale, bei denen Menschen in Trance versetzt wurden, um Zugang zu höheren Wahrheiten zu finden oder Heilung zu erfahren. Diese Rituale waren oft von religiöser oder mystischer Natur und wurden als eine Art Kontakt zu den Göttern verstanden.

Im alten Ägypten gab es beispielsweise sogenannte „Tempelschlaf"-Rituale, bei denen Menschen in spezielle Heiltempel gebracht wurden, um dort in einem tiefen Trancezustand Heilung zu erfahren. Auch in Griechenland gab es ähnliche Praktiken, wie den Tempelschlaf im Heiligtum des Asklepios, wo Patienten durch Traumdeutung und tranceähnliche Zustände Heilung finden sollten. Solche Rituale halfen den Menschen, durch den Zugang zu unbewussten Ebenen des Geistes körperliche und emotionale Leiden zu überwinden, auch wenn diese Praktiken heute stark in den Bereich der Mystik fallen.

Die hypnotischen Praktiken jener Zeit waren eng mit religiösem Glauben und spirituellen Riten verbunden. Die Vorstellung, dass Trancezustände durch göttliche Kräfte ermöglicht wurden, verlieh diesen Ritualen eine mystische Aura. Dabei ist es faszinierend, wie die Menschen schon damals die Kraft des Geistes nutzten, um körperliches und seelisches Wohlbefinden zu fördern. Obwohl die moderne Hypnose heute auf wissenschaftlichen Erkenntnissen basiert, zeigt die Geschichte, dass das Streben nach Selbstheilung und der Wunsch, unbewusste Kräfte zu nutzen, tief in der menschlichen Natur verwurzelt sind.

Franz Anton Mesmer und der „animalische Magnetismus"

Einen entscheidenden Schritt in der Entwicklung der Hypnose machte der Wiener Arzt Franz Anton Mesmer im 18. Jahrhundert. Er entwickelte das Konzept des sogenannten „animalischen Magnetismus", das er als eine unsichtbare Kraft verstand, die den Körper durchströmt und die Gesundheit beeinflussen kann. Mesmer glaubte, dass Krankheiten durch eine Störung dieser Energie verursacht würden und dass er durch bestimmte Bewegungen und Berührungen die Balance wiederherstellen könne. Mesmer setzte dafür spezielle Ruten und dramatische Rituale ein, um diese Energie in Fluss zu bringen. Auch wenn seine Theorien aus heutiger Sicht pseudowissenschaftlich erscheinen, war Mesmer eine Schlüsselfigur für die spätere Entwicklung der Hypnose, weil er erstmals bewusst eine Methode zur Veränderung des Bewusstseinszustandes anwandte und das Konzept der bewussten Manipulation mentaler Zustände etablierte.

Durch seine beeindruckenden Erfolge und den dramatischen Einsatz seiner Methoden zog Mesmer viele Anhänger und Kritiker an, was die öffentliche Aufmerksamkeit auf diese Techniken lenkte. Mesmer nutzte oft dramatische Inszenierungen, um seine Patienten in Trance zu versetzen, und es entstand ein regelrechter Hype um seine Fähigkeiten. Sein Einfluss auf die Entwicklung der Hypnose bestand nicht zuletzt darin, dass er eine Diskussion über das Potenzial des menschlichen Geistes für Veränderung anstieß – eine Diskussion, die auch heute noch relevant ist. Sein

Wirken legte den Grundstein für die Weiterentwicklung der Hypnose, indem er die Idee verbreitete, dass der menschliche Geist durch gezielte Manipulationen beeinflusst werden kann, um positive Effekte zu erzielen.

Obwohl Mesmers Methoden als wissenschaftlich zweifelhaft gelten, können seine Bemühungen als erste systematische Erkundung der Beziehung zwischen Geist und Körper betrachtet werden. Mesmer förderte die Idee, dass Heilung durch die geistige Fokussierung und das Zusammenspiel von Gedanken, Emotionen und körperlichen Prozessen möglich ist. Diese Grundannahme ist auch heute noch ein zentraler Aspekt der modernen Hypnose, wenngleich die mystischen Elemente weitgehend verschwunden sind.

James Braid: Der Vater der modernen Hypnose

Während Mesmer mit seinem „animalischen Magnetismus" vor allem für Aufsehen und Skandale sorgte, war es der schottische Arzt James Braid, der Mitte des 19. Jahrhunderts die Hypnose auf eine wissenschaftlichere Basis stellte. Er prägte den Begriff „Hypnose" (abgeleitet vom griechischen Wort „Hypnos", was „Schlaf" bedeutet), auch wenn Hypnose eigentlich gar kein Schlafzustand ist. Braid entdeckte, dass der hypnotische Zustand durch Fokussierung und Suggestion erzeugt werden konnte – unabhängig von irgendwelchen mystischen Kräften.

Braid legte den Grundstein für die wissenschaftliche Erforschung der Hypnose und zeigte, dass es sich um einen natürlichen Zustand handelt, der durch Konzentration und Entspannung hervorgerufen werden kann. Seine Experimente mit Fixationstechniken – etwa das Starren auf ein glänzendes Objekt – führten zu der Erkenntnis, dass tiefe Konzentration der Schlüssel zur Hypnose ist. Er erkannte auch, dass Hypnose therapeutisches Potenzial hat, und setzte sie zur Behandlung verschiedener Beschwerden ein. Durch seine wissenschaftliche Herangehensweise und seine klare Abgrenzung von Mesmers Theorien hat Braid maßgeblich dazu beigetragen, dass Hypnose als ernstzunehmende Methode der Bewusstseinsveränderung verstanden wurde.

Braid sah Hypnose nicht als mystischen Zustand, sondern als etwas, das jeder Mensch erreichen kann. Er stellte fest, dass die hypnotische Trance durch einfache Techniken, wie die Konzentration auf ein Objekt oder Suggestionen, ausgelöst werden konnte. Diese Erkenntnis war revolutionär, da sie Hypnose aus dem Bereich des Okkulten herausholte und als etwas Natürliches und Reproduzierbares darstellte. Braid verstand Hypnose als eine Art der „neurophysiologischen Umschaltung", bei der durch gezielte Fokussierung bestimmte mentale und körperliche

Zustände aktiviert werden konnten. Diese Sichtweise schuf eine Brücke zwischen der Wissenschaft und der bis dahin mysteriösen Welt der Hypnose.

Hypnose in der Psychotherapie: Sigmund Freud und Milton Erickson

Sigmund Freud, der Begründer der Psychoanalyse, experimentierte ebenfalls mit Hypnose, bevor er sich schließlich der freien Assoziation zuwandte. Freud nutzte die Hypnose zunächst, um Patienten dabei zu helfen, verdrängte Erinnerungen an die Oberfläche zu bringen. Er glaubte, dass diese Methode ein direkter Weg zum Unbewussten sei. Allerdings fand Freud die Ergebnisse nicht beständig genug und entschied sich, andere Methoden zu entwickeln, wie die freie Assoziation und die Traumdeutung. Trotz dieser Abkehr trug Freud dazu bei, das Verständnis von Hypnose als Werkzeug zum Zugang zum Unterbewusstsein zu verbreiten und das Bild der Hypnose als Mittel zur Heilung emotionaler Blockaden zu prägen.

Freuds Arbeit mit der Hypnose half, die Aufmerksamkeit auf die Bedeutung des Unterbewusstseins zu lenken. Auch wenn er die Hypnose zugunsten anderer Techniken verließ, war sein Beitrag zur Entwicklung des Verständnisses des menschlichen Geistes von entscheidender Bedeutung. Freud erkannte die Macht des Unbewussten und versuchte, Wege zu finden, um verdrängte Emotionen und Erinnerungen bewusst zu machen. Obwohl die Hypnose für Freud nicht das Mittel der Wahl blieb, legte seine Arbeit den Grundstein für spätere Entwicklungen in der therapeutischen Hypnose.

Ein weiterer Meilenstein in der Entwicklung der modernen Hypnose war der amerikanische Psychiater **Milton H. Erickson**, der als einer der einflussreichsten Hypnotherapeuten des 20. Jahrhunderts gilt. Erickson veränderte die Art und Weise, wie Hypnose angewendet wurde, indem er eine sehr individuelle und indirekte Herangehensweise entwickelte. Im Gegensatz zu den eher autoritären Methoden früherer Hypnotiseure setzte Erickson auf subtile Suggestionen, Geschichten und Sprachmuster, die dem Klienten helfen, selbst Lösungen zu finden.

Ericksons Technik, die heute als **Ericksonsche Hypnotherapie** bekannt ist, basierte auf Kooperation und Vertrauen, wobei er die Kreativität des Patienten nutzte, um Veränderungen von innen heraus zu ermöglichen. Oft verwendete er Metaphern und gezielte Sprachmuster, um positive Veränderungen anzustoßen, ohne den Klienten direkt zu beeinflussen. Diese Art der Hypnose hat die moderne Hypnosetherapie maßgeblich geprägt und wird heute weltweit in der therapeutischen Praxis eingesetzt. Ericksons Ansatz hat dazu beigetragen, Hypnose als flexibles und auf den Einzelnen zugeschnittenes Werkzeug zu etablieren.

Erickson glaubte, dass jeder Mensch die Ressourcen zur Veränderung bereits in sich trägt und dass die Aufgabe des Hypnotherapeuten darin besteht, diese Ressourcen zugänglich zu machen. Seine Methode war geprägt von einer tiefen Empathie und einem intuitiven Verständnis für die Bedürfnisse seiner Klienten. Statt direkte Befehle zu geben, nutzte er Geschichten, Humor und Paradoxien, um den Klienten auf eine Weise zu beeinflussen, die unbewusst Veränderungen ermöglichte. Ericksons Arbeit hat die moderne Hypnose nachhaltig beeinflusst und dazu beigetragen, die Hypnose von einer autoritären Technik zu einer partnerschaftlichen Zusammenarbeit zwischen Therapeut und Klient weiterzuentwickeln.

Hypnose heute: Von der Mystik zur Wissenschaft

Heute ist die Hypnose weitgehend aus der Ecke der Mystik und des Spektakels herausgetreten und wird in vielen Bereichen der Medizin und Psychotherapie ernsthaft eingesetzt. Es gibt zahlreiche wissenschaftliche Studien, die die Wirksamkeit der Hypnose belegen, sei es zur Schmerzbehandlung, zur Behandlung von Angststörungen oder zur Unterstützung bei der Rauchentwöhnung. Dank der Arbeit von Pionieren wie Mesmer, Braid, Freud und Erickson ist Hypnose heute ein fundiertes Werkzeug, das Therapeuten nutzen, um Menschen zu helfen, Veränderungen auf tiefer emotionaler Ebene zu erreichen.

Die heutige wissenschaftliche Hypnose basiert auf einem klaren Verständnis von Suggestibilität, Gehirnprozessen und der Wirkung von Fokussierung und Entspannung auf das Nervensystem. Durch die Entmystifizierung der Hypnose und die umfassende wissenschaftliche Erforschung hat sie ihren Platz als ernstzunehmende Therapiemethode gefunden. Klinische Hypnose wird bei der Behandlung von Schmerzen, posttraumatischen Belastungsstörungen, Phobien und sogar bei der Geburtsvorbereitung eingesetzt. Immer mehr Therapeuten erkennen das Potenzial der Hypnose, Menschen dabei zu unterstützen, eine tiefere Verbindung zu ihrem Unterbewusstsein herzustellen und unbewusste Ressourcen zu nutzen, um persönliche Veränderungen zu ermöglichen.

Zusammenfassung

Die Geschichte der Hypnose ist eine Reise von den mystischen Ritualen der Antike bis hin zu einer wissenschaftlich fundierten Therapiemethode. Was einst als Mittel zur Kontaktaufnahme mit den Göttern galt, ist heute ein anerkanntes Werkzeug der Medizin und Psychotherapie. Von den frühen „Tempelschlaf"-Ritualen über die Theorien Mesmers bis hin zu den wissenschaftlichen Methoden von Braid und den therapeutischen Ansätzen Freuds und Ericksons – Hypnose hat sich kontinuierlich weiterentwickelt. Heute ist sie ein vielseitiges Instrument, das in der Lage ist, tiefgreifende Veränderungen im menschlichen Bewusstsein zu bewirken. Hypnose bleibt eine faszinierende Methode, die das Potenzial des menschlichen Geistes verdeutlicht und zeigt, wie mächtig der Zugang zum Unterbewusstsein sein kann. Gleichzeitig hat die moderne Hypnose sich von mystischen und spekulativen Konzepten entfernt und basiert heute auf wissenschaftlich überprüfbaren Grundlagen.

Die Hypnose dient nicht nur der therapeutischen Behandlung, sondern bietet auch Möglichkeiten zur persönlichen Weiterentwicklung und zur Verbesserung der Lebensqualität. Sie ermöglicht es, tief verwurzelte Verhaltensmuster zu ändern, Schmerzen zu lindern und emotionale Blockaden zu lösen. Dennoch bleibt es wichtig, zwischen fundierten Anwendungen und pseudowissenschaftlichen Konzepten, wie der Rückführung in angebliche frühere Leben, zu unterscheiden. Während die Hypnose in vielen Bereichen wirksam ist, gibt es auch Grenzen, die respektiert werden sollten, insbesondere wenn es um spekulative oder unbewiesene Anwendungen geht.

Die Geschichte der Hypnose zeigt eindrucksvoll, wie sich eine Praxis, die einst im Bereich der Mystik verortet war, zu einer ernstzunehmenden und effektiven Methode entwickelt hat, die in der modernen Medizin und Psychotherapie ihren festen Platz hat. Die kontinuierliche wissenschaftliche Erforschung und die Weiterentwicklung der Techniken haben dazu geführt, dass Hypnose heute ein wertvolles Instrument für die Förderung von Gesundheit und Wohlbefinden ist.

3. Was ist eine Trance?

Definition der Trance

Trance ist ein Zustand veränderter Bewusstseinswahrnehmung, in dem sich die Aufmerksamkeit von äußeren Reizen löst und nach innen richtet. Viele Menschen erleben diesen Zustand im Alltag, beispielsweise beim Joggen, wenn sie in einen „Flow" geraten und die Umgebung vergessen, oder beim Lesen eines spannenden Buches, wenn sie so sehr in die Handlung eintauchen, dass sie alles um sich herum ausblenden. Dieser Zustand kann auch beim Musikhören auftreten, wenn die Musik den Geist vollständig einnimmt und die Welt um einen herum verblasst. Ein weiteres Beispiel ist das Eintauchen in kreative Tätigkeiten, wie Malen oder Schreiben, bei denen die Zeit wie im Flug vergeht. Trance ist also nichts Fremdes oder Unnatürliches, sondern ein Zustand, den wir alle in unterschiedlichen Situationen erleben.

In der Hypnose wird der Trancezustand bewusst herbeigeführt, um das Bewusstsein zu beruhigen und den Zugang zum Unterbewusstsein zu erleichtern. In diesem Zustand wird die Aufmerksamkeit stark fokussiert, während die Wahrnehmung der Außenwelt in den Hintergrund tritt. Dieser Zustand der fokussierten Aufmerksamkeit und Entspannung macht Trance zu einem idealen Zustand, um auf das Unterbewusstsein einzuwirken und positive Veränderungen zu ermöglichen. In der Trance sind Menschen in der Lage, Zugang zu verborgenen Ressourcen ihres Geistes zu erlangen, und die tiefe Entspannung fördert eine Offenheit für neue Ideen und Verhaltensweisen. Es ist eine Erfahrung, die die innere Welt öffnet und das Erreichen von Zielen durch tiefgreifende mentale Arbeit ermöglicht.

Der Trancezustand aus neuropsychologischer Sicht

Aus neuropsychologischer Sicht ist Trance ein Zustand, in dem bestimmte Gehirnregionen unterschiedlich aktiv sind als im normalen Wachbewusstsein. Während einer Trance wird die Aktivität des präfrontalen Cortex, der für kritisches Denken, logische Entscheidungen und die Selbstkontrolle zuständig ist, herabgesetzt. Gleichzeitig erhöht sich die Aktivität in anderen Gehirnregionen, wie dem limbischen System, das stark an der emotionalen Verarbeitung beteiligt ist. Diese Verschiebung der Aktivität ermöglicht es, auf tiefere Schichten des Bewusstseins zuzugreifen, die sonst durch die „Filter" des bewussten Denkens abgeschirmt sind.

Die Veränderung der Gehirnaktivität wird oft durch eine verstärkte Synchronisierung der Theta-Wellen beschrieben. Theta-Wellen sind Gehirnwellen, die mit Zuständen tiefer Entspannung, Meditation und leichtem Schlaf verbunden sind. In der Trance kommt es zu einem verstärkten Auftreten dieser Theta-Wellen, was darauf hinweist, dass das Gehirn in einen Zustand tiefer Entspannung und Empfänglichkeit übergeht. Diese Veränderungen ermöglichen es, Suggestionen besonders gut aufzunehmen und neue Verknüpfungen im Gehirn herzustellen.

Ein wichtiger neuropsychologischer Mechanismus in der Trance ist die sogenannte Dissoziation. Das bedeutet, dass bestimmte Bereiche der Wahrnehmung oder des Bewusstseins voneinander getrennt werden. So kann in der Trance eine intensive Fokussierung auf innere Bilder oder Gedanken stattfinden, während äußere Reize weitgehend ausgeblendet werden. Diese Fähigkeit zur Dissoziation ist ein Schlüsselmerkmal der Trance und ermöglicht es, tiefere Bewusstseinsebenen zu erreichen, ohne von der äußeren Realität abgelenkt zu werden.

Während der Trance sinkt auch die Aktivität des sogenannten Default Mode Network (DMN). Das DMN ist ein Netzwerk im Gehirn, das für das Selbstreferenzieren und die gedankliche Beschäftigung mit der Vergangenheit und der Zukunft verantwortlich ist. Wenn die Aktivität im DMN sinkt, wird der Geist freier von selbstbezogenen Gedanken, was zu einer tieferen Entspannung und Offenheit für neue Erfahrungen führt. Dadurch wird der Zugang zu kreativen und intuitiven Prozessen erleichtert, die im normalen Wachzustand oft blockiert sind.

Funktion der Trance aus neuropsychologischer Sicht

Die Trance hat aus neuropsychologischer Sicht mehrere wichtige Funktionen. Zum einen ermöglicht sie es dem Gehirn, Informationen auf eine Art und Weise zu verarbeiten, die im normalen Wachzustand nur schwer zugänglich ist. In der Trance ist der bewusste, kritische Teil des Geistes weniger aktiv, was es erlaubt, Zugang zu tieferliegenden Erinnerungen und Emotionen zu erlangen. Dies ist besonders wertvoll in der therapeutischen Hypnose, da so alte, belastende Erfahrungen neu bewertet und in einen positiveren Kontext gesetzt werden können.

Darüber hinaus dient die Trance auch der Erholung und Regeneration. Der Zustand tiefer Entspannung, der in der Trance erreicht wird, hat positive Auswirkungen auf das Nervensystem, insbesondere auf das parasympathische Nervensystem, das für Ruhe und Erholung zuständig ist. In der Trance kann der Körper in einen Zustand der Regeneration eintreten, Stresshormone werden abgebaut, und das vegetative Nervensystem kann sich beruhigen. Dies führt zu einer tiefen Entspannung, die sowohl körperlich als auch geistig wohltuend ist.

Trance ermöglicht es auch, neue Denkweisen zu entwickeln, indem sie die sogenannte neuroplastische Fähigkeit des Gehirns unterstützt. Neuroplastizität beschreibt die Fähigkeit des Gehirns, seine Struktur und Funktion als Reaktion auf Erfahrungen zu verändern. In der Trance sind die neuronalen Netzwerke besonders flexibel, was bedeutet, dass neue Verknüpfungen zwischen Gedanken, Gefühlen und Verhaltensweisen entstehen können. Dies ist besonders nützlich, wenn es darum geht, alte Gewohnheiten zu verändern oder neue, positive Verhaltensweisen zu etablieren. Diese Flexibilität des Gehirns ist eine der wichtigsten neuropsychologischen Funktionen der Trance, da sie es ermöglicht, tief verwurzelte Muster zu transformieren und positive Veränderungen nachhaltig zu verankern.

Ein weiterer Aspekt ist die Rolle der Trance bei der Schmerzbewältigung. In der Trance kann die Wahrnehmung von Schmerzen reduziert werden, da das Gehirn in der Lage ist, Schmerzsignale anders zu verarbeiten. Es gibt Studien, die zeigen, dass bestimmte Gehirnregionen, die für die Schmerzwahrnehmung verantwortlich sind, in der Trance weniger aktiv sind. Dies erklärt, warum Hypnose erfolgreich bei der

Behandlung chronischer Schmerzen oder während medizinischer Eingriffe eingesetzt werden kann. Die Fähigkeit des Gehirns, auf Suggestionen zur Schmerzlinderung zu reagieren, ist ein beeindruckendes Beispiel für die Macht des Geistes über
den Körper.

Unterschied zwischen natürlicher Trance und hypnotischer Trance

Der Zustand einer natürlichen Trance und der einer hypnotischen Trance sind sich
in vielerlei Hinsicht ähnlich, unterscheiden sich jedoch in ihrer Entstehung und Anwendung. Eine natürliche Trance tritt spontan auf, ohne dass eine bewusste Ab-
sicht dahintersteht. Beispiele für natürliche Trancen sind das Versinken in einem
Tagtraum, das Gefühl des „Flow" beim Sport oder das völlige Eintauchen in eine
kreative Tätigkeit. Diese Zustände treten oft zufällig auf und sind in der Regel nicht
zielgerichtet.

Die hypnotische Trance hingegen wird gezielt herbeigeführt, oft durch einen Hypnotiseur oder durch Selbsthypnose. Sie ist eine bewusste und absichtliche Vertiefung des Trancezustandes, mit dem Ziel, bestimmte Veränderungen im Unterbewusstsein herbeizuführen. In der hypnotischen Trance wird der Zustand gezielt
genutzt, um Suggestionen zu geben, die das Verhalten, die Wahrnehmung oder die
Emotionen des Hypnotisanden positiv beeinflussen sollen. Während eine natürliche Trance ein eher zufälliger Zustand ist, dient die hypnotische Trance einem bestimmten Zweck und wird durch spezielle Techniken vertieft und gesteuert.

Ein weiterer Unterschied zwischen den beiden Trancezuständen ist der Grad der
Kontrolle. In der hypnotischen Trance wird der Trancezustand bewusst vertieft,
und der Hypnotisand ist sich oft bewusst, dass er in einer Trance ist und dass Suggestionen gegeben werden. In der natürlichen Trance hingegen kann der Zustand
oft unbemerkt bleiben, und der Betroffene merkt möglicherweise erst im Nach-
hinein, dass er sich in einer Art Trancezustand befunden hat.

In der hypnotischen Trance werden zudem bestimmte Techniken angewendet, um
den kritischen Filter des bewussten Geistes zu umgehen und das Unterbewusstsein
direkt anzusprechen. Dies kann durch sprachliche Suggestionen, gezielte Entspannungstechniken oder auch durch visuelle und auditive Reize geschehen. Durch
diese gezielte Herbeiführung und Steuerung der Trance ist die hypnotische Trance
besonders wirkungsvoll, um tiefgreifende Veränderungen zu bewirken.

Während eine natürliche Trance oft eine erholsame Funktion hat, wie beim Tagträumen oder Meditieren, hat die hypnotische Trance eine klare therapeutische

Ausrichtung. Hypnotische Trancen werden oft dazu genutzt, konkrete Ziele zu erreichen, wie das Lösen von Ängsten, das Aufgeben von ungesunden Gewohnheiten
oder das Steigern des Selbstvertrauens. Dies unterscheidet sie von natürlichen
Trancen, die eher zufällig und ohne therapeutische Zielsetzung auftreten.

Das Unterbewusstsein verstehen

Das Unterbewusstsein ist der Teil unseres Geistes, der die meisten unserer auto-
matischen Verhaltensweisen, Emotionen und Erinnerungen speichert. Es arbeitet
im Hintergrund und beeinflusst unsere Entscheidungen oft stärker, als uns bewusst
ist. Im Unterbewusstsein sind all jene Informationen gespeichert, die im Alltag
nicht aktiv abgerufen werden – etwa alte Gewohnheiten, frühkindliche Erlebnisse
oder verdrängte Emotionen.

Das Unterbewusstsein kann als ein assoziatives Netzwerk verstanden werden, das
Informationen nicht linear, sondern nach Bedeutungen und Zusammenhängen verarbeitet. Während das Bewusstsein in logischen, klar strukturierten Denkmustern
arbeitet und oft auf linearen Gedankengängen basiert, funktioniert das Unterbewusstsein durch assoziative Verknüpfungen. Es speichert Informationen in Form
von Bedeutungen, Emotionen und Verbindungen, die nicht immer logisch oder offensichtlich sind.

Ein gutes Beispiel für diese assoziative Informationsverarbeitung ist die Art und
Weise, wie wir auf Wörter reagieren. Wenn jemand das Wort „Sommer" hört, entstehen im Unterbewusstsein möglicherweise sofort Bilder von warmen Tagen, Sonnenschein, dem Geruch von frisch gemähtem Gras oder Erinnerungen an vergangene Urlaube. Das Unterbewusstsein reagiert nicht nur auf das Wort selbst,
sondern auf den gesamten „Bedeutungshof", der mit diesem Wort verknüpft ist.
Diese Reaktionen geschehen blitzschnell und ohne bewusste Anstrengung.

Die Fähigkeit des Unterbewusstseins, auf diese Weise zu arbeiten, ist sehr nützlich,
da sie es uns ermöglicht, schnell auf komplexe Situationen zu reagieren, ohne
lange nachdenken zu müssen. Sie hilft uns, Verbindungen zwischen verschiedenen
Erlebnissen, Gefühlen und Gedanken herzustellen, die im bewussten Denken oft
verborgen bleiben. Diese Art der Verarbeitung spielt eine zentrale Rolle in der Hypnose, da Suggestionen das Potenzial haben, direkt mit diesen tiefen, assoziativen
Netzwerken zu interagieren.

Ein weiteres Beispiel für die assoziative Funktionsweise des Unterbewusstseins ist
der sogenannte Pawlowsche Reflex. Der russische Wissenschaftler Iwan Pawlow

zeigte, dass Hunde beginnen zu speicheln, wenn sie das Geräusch einer Glocke hören, nachdem diese mehrmals mit der Fütterung verbunden wurde. Das Unterbewusstsein des Hundes stellte eine Verbindung zwischen dem Glockengeräusch und dem Futter her, sodass eine automatische Reaktion folgte. Ähnlich funktionieren viele unserer emotionalen Reaktionen im Alltag – sie sind das Ergebnis von Verknüpfungen, die tief in unserem Unterbewusstsein verankert sind.

In der Hypnose wird eine direkte Verbindung zum Unterbewusstsein hergestellt, wodurch es möglich wird, diese alten Verknüpfungen zu nutzen und positive, neue Verbindungen zu schaffen. Suggestionen können helfen, tief verwurzelte Überzeugungen zu verändern, alte Ängste zu lösen oder neue, gesündere Verhaltensweisen zu etablieren. Das Unterbewusstsein ist besonders empfänglich für Suggestionen, wenn der bewusste, kritische Teil des Geistes in den Hintergrund tritt – genau das geschieht in der Trance. In der Hypnose wird der Trancezustand genutzt, um neue Verknüpfungen und positive emotionale Reaktionen zu schaffen, die zu einer verbesserten Lebensqualität führen können.

Die assoziative Art der Informationsverarbeitung bedeutet auch, dass das Unterbewusstsein eine Vielzahl von Informationen gleichzeitig verarbeiten kann, ohne dass wir uns dessen bewusst sind. Dies ist eine weitere wichtige Funktion der Trance, da in diesem Zustand komplexe Informationen neu organisiert und neu verknüpft werden können. Durch die gezielte Nutzung von Suggestionen können in der Trance neue, positive Assoziationen geschaffen werden, die das Verhalten langfristig positiv beeinflussen.

Zusammenfassung

Trance ist ein Zustand, den wir alle im Alltag erleben, und der in der Hypnose gezielt herbeigeführt wird, um das Bewusstsein zu beruhigen und den Zugang zum Unterbewusstsein zu erleichtern. Neuropsychologisch betrachtet ist Trance ein Zustand, in dem die Aktivität des präfrontalen Cortex reduziert und die Aktivität in anderen Bereichen wie dem limbischen System erhöht wird, was den Zugang zu tieferen Bewusstseinsschichten ermöglicht. Der Unterschied zwischen einer natürlichen Trance und einer hypnotischen Trance liegt vor allem in der bewussten Herbeiführung und Steuerung des Zustands. Während eine natürliche Trance zufällig auftritt, dient die hypnotische Trance einem gezielten Zweck und ermöglicht es, durch gezielte Techniken tiefgreifende Veränderungen im Unterbewusstsein zu bewirken.

Das Unterbewusstsein ist ein mächtiger Teil des Geistes, der Verhaltensweisen, Emotionen und Erinnerungen speichert und assoziativ verarbeitet. Es ist besonders empfänglich für Suggestionen, wenn der kritische Filter geschwächt wird, was in der Trance der Fall ist. Hypnose nutzt den Trancezustand, um den kritischen Filter zu umgehen, sodass tief verwurzelte Muster verändert und positive Veränderungen ermöglicht werden können. In zukünftigen Kapiteln wird detaillierter beschrieben, wie Techniken entwickelt wurden, um diesen kritischen Filter zu schwächen und neue Wege für persönliche Transformationen zu eröffnen. So wird deutlich, wie mächtig die Hypnose als Werkzeug sein kann, um das volle Potenzial des menschlichen Geistes zu erschließen und positive Entwicklungen zu fördern. Hypnose kann helfen, emotionale Blockaden zu lösen, neue Verhaltensweisen zu fördern und das Leben in vielen Bereichen zu verbessern – von der Angstbewältigung bis zur Selbstverwirklichung.

4. Die Macht der Suggestion

Was ist Suggestion?

Suggestion ist das Herzstück der Hypnose und eine der mächtigsten Techniken, um Veränderungen im Unterbewusstsein zu bewirken. Unter Suggestion versteht man die gezielte Beeinflussung des Denkens, Fühlens oder Handelns durch gezielte Impulse, die bewusst gesetzt werden, um eine gewünschte Veränderung zu erzielen. Zum Beispiel kann eine Suggestion helfen, körperliche Schmerzen zu lindern, indem dem Unterbewusstsein vermittelt wird, dass ein bestimmter Bereich des Körpers taub und schmerzfrei ist. Solche Veränderungen können oft überraschend tiefgreifend sein, was zeigt, wie stark das Unterbewusstsein durch gezielte Impulse beeinflusst werden kann.

Ein einfaches Beispiel für eine Suggestion könnte sein: „Der rechte Arm fühlt sich immer schwerer an, als wäre er aus Blei." Diese Suggestion gibt dem Unterbewusstsein eine klare Richtung vor, und wenn der Hypnotisand tief genug in der Trance ist, wird das Unterbewusstsein diese Information so verarbeiten, dass der Arm tatsächlich schwer wird. Suggestionen können also genutzt werden, um Gefühle, körperliche Empfindungen und sogar Verhaltensweisen zu verändern. Suggestionen sind daher nicht nur eine Technik, sondern auch ein Werkzeug, das tiefgreifende und weitreichende Veränderungen im Leben eines Menschen ermöglichen kann.

Normale Sprache vs. suggestive Sprache

Der Unterschied zwischen „normaler" Sprache und suggestiver Sprache liegt vor allem darin, wie präzise und zielgerichtet die Worte eingesetzt werden, um eine bestimmte Wirkung zu erzielen. In der alltäglichen Kommunikation nutzen wir Sprache in erster Linie, um Informationen auszutauschen. In der Hypnose hingegen wird Sprache so eingesetzt, dass sie das Unterbewusstsein auf eine bestimmte Art und Weise anspricht und beeinflusst.

Normale Sprache

Normale Sprache dient in erster Linie der Kommunikation von Fakten oder Gedanken. Zum Beispiel, wenn jemand sagt: „Kannst du mir bitte das Salz reichen?", wird die Sprache verwendet, um eine konkrete Bitte auszudrücken. Diese Form der Kommunikation ist funktional und zielt auf die bewusste Verarbeitung der Information ab. Die Wirkung bleibt auf einer oberflächlichen Ebene und erreicht in der Regel nur das bewusste Denken.

Suggestive Sprache

Suggestive Sprache hingegen geht über die bloße Vermittlung von Informationen hinaus – sie hat das Ziel, das Unterbewusstsein direkt anzusprechen und eine emotionale oder verhaltensbezogene Reaktion hervorzurufen. Dabei werden Techniken verwendet, die das Unterbewusstsein besonders ansprechen:

- **Positive Formulierungen**: Suggestionen werden immer positiv formuliert, um das Unterbewusstsein auf die gewünschte Richtung auszurichten. Negative Formulierungen könnten das Gegenteil bewirken und das falsche Bild im Kopf verankern.
- **Bilder und Metaphern**: Das Unterbewusstsein „denkt" in Bildern, und suggestive Sprache nutzt dies, indem sie lebhafte und kraftvolle Bilder erzeugt. Ein Beispiel wäre: „Die Gedanken sind wie sanfte Wolken, die am Himmel vorüberziehen." Solche Bilder sprechen das Unterbewusstsein direkt an und hinterlassen einen tiefen Eindruck.
- **Sprachliche Weichmacher**: Formulierungen wie „vielleicht" oder „könnte" reduzieren Widerstände, indem sie dem Unterbewusstsein die Freiheit lassen, eine Suggestion anzunehmen oder nicht. Statt zu sagen „Du wirst ruhig und entspannt sein", könnte man sagen: „Vielleicht bemerken Sie, wie eine angenehme Ruhe sich ausbreitet." Diese Art der Sprache hilft, das Unterbewusstsein sanft und ohne Druck zu beeinflussen.

Die Wirkung einer Suggestion hängt stark davon ab, wie sie formuliert ist und in welchem Kontext sie gegeben wird. Suggestionen wirken besonders gut, wenn das Unterbewusstsein offen und empfänglich ist, wie es in einem hypnotischen Trancezustand der Fall ist. Hier sind einige grundlegende Mechanismen, wie Suggestionen auf das Unterbewusstsein wirken:

1. **Direkte Ansprache des Unterbewusstseins**: In der Trance tritt das bewusste Denken in den Hintergrund, und das Unterbewusstsein ist besonders empfänglich für Suggestionen. Suggestionen wie „Sie fühlen sich sicher und geborgen" werden in diesem Zustand direkt ins Unterbewusstsein aufgenommen und entfalten dort ihre Wirkung. Diese direkte Ansprache ermöglicht es, Veränderungen im Verhalten oder im Gefühl zu bewirken, die sonst nur schwer erreichbar wären.
2. **Verstärkung durch Wiederholung**: Suggestionen wirken besonders gut, wenn sie wiederholt werden. Je öfter das Unterbewusstsein eine bestimmte Botschaft hört, desto stärker verankert sie sich. Dies geschieht ähnlich wie beim Lernen von Gewohnheiten – Wiederholung festigt die neuronalen Verbindungen. Wiederholte Suggestionen sind vergleichbar mit dem Training eines Muskels: Je öfter der „Suggestion-Muskel" beansprucht wird, desto stärker wird er.
3. **Positive Formulierung**: Das Unterbewusstsein kann Negationen schlecht verarbeiten. Wenn jemand sagt „Denken Sie nicht an einen rosa Elefanten", wird das Bild des Elefanten unweigerlich im Kopf auftauchen. In der Hypnose wird daher stets mit positiven, klaren Formulierungen gearbeitet, um das gewünschte Ziel zu erreichen. Durch die Verwendung positiver Sprache wird das gewünschte Bild oder Gefühl verstärkt und verankert.

Das Unterbewusstsein speichert besonders jene Informationen, die eine starke Bedeutung oder emotionale Relevanz haben. Zum Beispiel bleibt eine Kritik von einem Vorgesetzten oder ein Lob von einem geliebten Menschen oft tief im Unterbewusstsein verankert, da sie eine starke emotionale Komponente besitzen. Emotionen spielen eine wesentliche Rolle dabei, welche Informationen im Gedächtnis verankert bleiben und wie diese verarbeitet werden. Ereignisse, die starke Gefühle hervorrufen – wie Freude, Angst oder Trauer – werden im Unterbewusstsein tief gespeichert. Dies liegt daran, dass das Gehirn in solchen Momenten besondere neurochemische Prozesse aktiviert, die die Speicherung dieser Erinnerungen unterstützen.

Beispielsweise zeigen Studien, dass Menschen sich an Situationen, die mit starken Gefühlen verbunden sind, eher erinnern als an alltägliche, emotionslose Ereignisse. Eine bekannte Studie hierzu ist die Untersuchung der Reaktionen auf das Attentat vom 11. September 2001, bei der viele Menschen sich auch Jahre später noch detailliert an den Moment erinnern konnten, in dem sie von den Ereignissen erfuhren. Diese sogenannten 'Blitzlichterinnerungen' sind ein gutes Beispiel dafür, wie starke Emotionen die Speicherung von Erinnerungen beeinflussen.

Das Unterbewusstsein ist auch empfänglich für Informationen, die eine klare Bedeutung oder eine logische Verbindung zu bestehenden Überzeugungen und Erfahrungen haben. Diese Art der assoziativen Verarbeitung ist sehr mächtig, da das Unterbewusstsein ständig versucht, neue Informationen in vorhandene mentale Strukturen einzupassen. Dies erklärt, warum Suggestionen, die emotional aufgeladen sind oder eine starke Bedeutung haben, besonders wirksam sind – sie sind „kompatibel" mit der Art und Weise, wie das Unterbewusstsein Informationen verarbeitet.

Ein weiteres interessantes Phänomen ist, dass sogar einfache Begründungen eine hohe Wirkung haben können. In einer Studie, in der Menschen in einer Warteschlange gebeten wurden, jemandem vorzudrängen, stellte sich heraus, dass die Bereitschaft, die Bitte zu erfüllen, stark anstieg, wenn eine Begründung hinzugefügt wurde. Interessanterweise musste diese Begründung nicht einmal sinnvoll sein – allein das Wort „weil" hatte eine positive Wirkung. Eine Studie von Ellen Langer und ihren Kollegen zeigte, dass allein das Hinzufügen des Wortes 'weil' dazu führte, dass Menschen eher bereit waren, einen Gefallen zu tun, selbst wenn die Begründung banal war. Dies unterstreicht, wie stark unser Unterbewusstsein auf scheinbare Rationalität reagiert. Das liegt daran, dass das Wort 'weil' eine logische Verknüpfung suggeriert und dem Unterbewusstsein das Gefühl gibt, dass eine Begründung vorliegt, selbst wenn der Inhalt nicht vollständig rational ist. Wenn jemand zum Beispiel sagte: „Darf ich bitte vor, weil ich es eilig habe?", stimmten deutlich mehr Personen zu, als wenn keine Begründung genannt wurde. Das zeigt, wie stark das Unterbewusstsein auf bestimmte Sprachmuster reagiert, die eine logische Folge suggerieren.

Diese Erkenntnisse lassen sich direkt auf die Funktionsweise des Unterbewusstseins in der Hypnose anwenden. Das Unterbewusstsein nimmt Begründungen oft als „Erklärung" an, was die Wirkung von Suggestionen verstärken kann. Selbst wenn die Begründung nicht vollständig logisch ist, neigt das Unterbewusstsein dazu, sie weniger kritisch zu hinterfragen, solange sie im Kontext der Suggestion Sinn ergibt. Das Hinzufügen von Begründungen oder der Einsatz von Wörtern wie „weil" kann also dazu beitragen, dass Suggestionen besser verankert werden, da das Unterbewusstsein eine Art von „Rationalität" hinter der Aussage erkennt, die den kritischen Filter beruhigt.

Direkte vs. indirekte Suggestionen

In der Hypnose unterscheiden wir zwischen direkten und indirekten Suggestionen. Beide Formen haben ihre Berechtigung, doch oft sind indirekte Suggestionen wirkungsvoller, weil sie das Unterbewusstsein auf subtilere Weise ansprechen.

Direkte Suggestionen

Direkte Suggestionen sind klare und präzise Aussagen, die dem Unterbewusstsein eine bestimmte Richtung vorgeben. Ein Beispiel wäre: „Sie werden sich jetzt entspannt und ruhig fühlen." Direkte Suggestionen sind oft einfach und wirkungsvoll, können aber auch auf Widerstand stoßen, besonders wenn der kritische Filter aktiv ist oder die Suggestion nicht mit den Überzeugungen des Hypnotisanden übereinstimmt.

- **Beispiel**: „Sie fühlen sich jetzt ruhig und entspannt."
- **Vorteil**: Direkte Suggestionen sind klar und verständlich.
- **Nachteil**: Sie können bei manchen Menschen Widerstände auslösen, insbesondere wenn die Aussage nicht im Einklang mit den momentanen Gefühlen oder Überzeugungen steht.

Indirekte Suggestionen

Indirekte Suggestionen sind subtiler und nutzen oft Metaphern, Geschichten oder offene Formulierungen, um das Unterbewusstsein zu beeinflussen. Sie lassen dem Unterbewusstsein mehr Spielraum und erzeugen weniger Widerstand, weil sie nicht wie ein Befehl wirken.

- **Beispiel**: „Vielleicht bemerken Sie, wie sich eine angenehme Ruhe in Ihnen ausbreitet, so wie die Wellen an einem ruhigen See."

- **Vorteil**: Indirekte Suggestionen umgehen oft den kritischen Filter und erzeugen weniger Widerstand. Sie wirken wie eine Einladung, der das Unterbewusstsein folgen kann, anstatt wie eine Anweisung.
- **Nachteil**: Die Wirkung kann weniger direkt und klar sein, da sie mehr Spielraum lässt.

Der amerikanische Hypnotherapeut Milton H. Erickson war ein Meister der indirekten Suggestionen. Er nutzte häufig Geschichten und Metaphern, um das Unterbewusstsein anzusprechen, ohne dass der kritische Verstand Widerstand leistete. Statt zu sagen „Sie werden ruhig und entspannt sein", erzählte Erickson vielleicht eine Geschichte über einen Menschen, der einen Spaziergang durch einen friedlichen Wald machte und bemerkte, wie ruhig und entspannt er wurde. Das Unterbewusstsein des Zuhörers assoziierte diese Geschichte mit Ruhe, und der gewünschte Zustand wurde oft ganz von selbst erreicht.

Warum wirken indirekte Suggestionen besser?

Indirekte Suggestionen wirken in vielen Fällen besser, weil sie weniger direkt auf das bewusste Denken abzielen und dadurch weniger Widerstand hervorrufen. Der kritische Filter – der „Türsteher" unseres Unterbewusstseins – neigt dazu, direkte Befehle zu hinterfragen oder abzulehnen, insbesondere wenn sie nicht mit unseren bisherigen Erfahrungen oder Überzeugungen übereinstimmen.

Indirekte Suggestionen hingegen umgehen diesen Filter, indem sie das Unterbewusstsein sanft einladen, eine neue Richtung einzuschlagen, ohne Druck oder Zwang auszuüben. Die subtilen Formulierungen lassen dem Unterbewusstsein die Wahl, wodurch oft ein Gefühl der Freiheit entsteht, das den Widerstand reduziert.

- **Beispiel für indirekte Suggestion**: „Stellen Sie sich vor, wie es wäre, wenn Sie sich noch ein bisschen mehr entspannen könnten... vielleicht bemerken Sie, wie Ihr Atem ruhiger wird."

Diese Art der Suggestion lässt Raum für Interpretation und schafft eine positive Erwartungshaltung, ohne den kritischen Verstand zu aktivieren.

Ein weiteres Beispiel ist der Einsatz von Metaphern. Eine Metapher spricht das Unterbewusstsein direkt an, da sie auf einer bildhaften Ebene arbeitet, die das Unterbewusstsein besonders gut versteht. Statt direkt zu sagen „Lassen Sie Ihre Ängste los", könnte man sagen: „Stellen Sie sich vor, Sie hätten einen schweren Rucksack voller Steine auf Ihrem Rücken, und jetzt beginnen Sie, einen Stein nach dem anderen loszulassen." Das Unterbewusstsein erkennt die Metapher und setzt sie in Bezug zu den eigenen Ängsten oder Sorgen.

Zusammenfassung

Suggestionen sind das grundlegende Werkzeug in der Hypnose, um Veränderungen im Unterbewusstsein zu bewirken. Während direkte Suggestionen klar und präzise sind, haben sie oft mit Widerständen zu kämpfen, die vom kritischen Filter des Geistes ausgehen. Indirekte Suggestionen hingegen umgehen diesen Filter, indem sie dem Unterbewusstsein mehr Freiheit lassen, sich die Botschaften auf eigene Weise anzueignen.

Die Kunst der Hypnose besteht darin, Suggestionen so zu formulieren, dass sie das Unterbewusstsein direkt ansprechen, ohne den kritischen Verstand zu aktivieren. Die Wahl der richtigen Worte, die Verwendung von Metaphern und die subtile Art der indirekten Suggestionen sind Schlüsseltechniken, die die Hypnose zu einem kraftvollen Werkzeug machen.

Suggestionen bieten eine flexible und wirksame Methode, die gezielt auf die Bedürfnisse des Einzelnen eingeht und tiefgreifende Veränderungen ermöglichen kann. Indem Suggestionen auf emotionaler Ebene und mit der richtigen Technik angewandt werden, können sie helfen, Verhaltensmuster zu verändern, emotionale Blockaden zu lösen und das persönliche Wohlbefinden nachhaltig zu steigern.

5. Kognitive Verzerrungen und ihre Rolle in der Hypnose

Einleitung

Kognitive Verzerrungen sind Denkfehler, die unser Urteil und unsere Entscheidungen beeinflussen, weil unser Gehirn Informationen oft schnell und energiesparend verarbeitet. In der Hypnose kann das Wissen über kognitive Verzerrungen genutzt werden, um Suggestionen gezielt und wirkungsvoll zu formulieren. Dieses Kapitel erklärt die wichtigsten kognitiven Verzerrungen und zeigt, wie sie in der Hypnose eingesetzt werden können, um positive Veränderungen zu bewirken. Ein tieferes Verständnis dieser Verzerrungen hilft dabei, Suggestionen so zu formulieren, dass sie das Denken gezielt beeinflussen und besonders effektiv wirken.

Kognitive Verzerrungen sind Denkmuster, die dazu führen, dass wir die Welt nicht immer objektiv wahrnehmen. Sie sind eine Art mentale Abkürzung („Heuristik"), die unser Gehirn verwendet, um schnell Entscheidungen zu treffen. Diese Verzerrungen können in vielen Lebensbereichen auftreten und beeinflussen oft unbewusst, wie wir denken und handeln. Einige der wichtigsten kognitiven Verzerrungen sind:

- **Bestätigungsfehler (Confirmation Bias)**: Die Tendenz, Informationen zu suchen oder so zu interpretieren, dass sie unsere bestehenden Meinungen bestätigen.
- **Verlustaversion**: Die Neigung, Verluste stärker zu gewichten als gleich hohe Gewinne.
- **Anker-Effekt**: Der Einfluss einer anfänglichen Information („Anker") auf spätere Entscheidungen.
- **Verfügbarkeitsheuristik**: Die Bevorzugung von Informationen, die schnell in den Sinn kommen, und die Annahme, dass diese repräsentativ sind.
- **Selbstwertdienliche Verzerrung**: Die Tendenz, Erfolge auf eigene Fähigkeiten zurückzuführen, während Misserfolge auf äußere Umstände geschoben werden.

Diese Verzerrungen sind tief im menschlichen Denken verankert und spielen eine bedeutende Rolle in der Art und Weise, wie Suggestionen in der Hypnose wirken. Es ist daher von großer Bedeutung, diese Verzerrungen bewusst zu verstehen und gezielt anzuwenden, um die gewünschte Wirkung in der Hypnose zu erzielen.

Die wichtigsten kognitiven Verzerrungen im Detail

1. Bestätigungsfehler (Confirmation Bias)

Der Bestätigungsfehler beschreibt die Tendenz, Informationen so auszuwählen und zu interpretieren, dass sie unsere bestehenden Ansichten bestätigen. Diese Verzerrung führt dazu, dass wir Informationen, die unseren Überzeugungen widersprechen, weniger wahrnehmen oder ablehnen. In der Hypnose kann dies gezielt genutzt werden, indem Suggestionen so formuliert werden, dass sie auf bestehenden Überzeugungen aufbauen. Zum Beispiel kann man Suggestionen verwenden, die das Selbstvertrauen stärken, indem man bestehende positive Erfahrungen des Hypnotisanden bestätigt: "Erinnern Sie sich an die Zeiten, in denen Sie erfolgreich waren und sich stark gefühlt haben – genau diese Kraft ist immer noch in Ihnen."

Bestätigungsfehler können auch genutzt werden, um bestehende positive Glaubenssätze weiter zu verfestigen. Wenn jemand bereits davon überzeugt ist, dass er die Fähigkeit zur Veränderung hat, können Suggestionen wie "Sie haben schon so viele Herausforderungen gemeistert, und diese Fähigkeit zur Veränderung wird Sie auch weiterhin begleiten" besonders wirkungsvoll sein. Zum Beispiel könnte ein Sportler, der bereits mehrfach erfolgreich trainiert hat, durch die Suggestion bestärkt werden, dass er die nötige Ausdauer besitzt, um sein Ziel zu erreichen, weil er diese Ausdauer in der Vergangenheit schon oft gezeigt hat. Durch die gezielte Verstärkung solcher positiven Überzeugungen lässt sich der Effekt des Bestätigungsfehlers nutzen, um die innere Motivation zu stärken und Widerstände abzubauen.

2. Verlustaversion

Die Verlustaversion besagt, dass Menschen Verluste stärker empfinden als Gewinne gleicher Höhe. Dies liegt daran, dass unser Gehirn evolutionär darauf ausgelegt ist, Bedrohungen und Risiken zu vermeiden, um das Überleben zu sichern. Verluste werden als potenzielle Gefahr wahrgenommen, während Gewinne als optionaler Vorteil betrachtet werden, was dazu führt, dass Verluste eine stärkere emotionale Reaktion hervorrufen. Diese Verzerrung kann in der Hypnose genutzt werden, um Motivation zu erzeugen. Eine Suggestion könnte zum Beispiel darauf abzielen, dass ein bestimmtes Verhalten dazu beiträgt, Verluste zu vermeiden: "Wenn Sie weiterhin auf sich achten, vermeiden Sie den Verlust Ihrer wertvollen Gesundheit und erhalten Ihre Lebensfreude."

Ein weiterer Ansatz wäre, den Fokus auf das Bewahren positiver Erfahrungen zu legen: "Sie möchten Ihre innere Ruhe bewahren und den Verlust dieser wertvollen Balance vermeiden." Indem man die Angst vor dem Verlust nutzt, kann die Motivation, eine bestimmte Verhaltensweise beizubehalten oder zu ändern, verstärkt werden. Verlustaversion kann auch durch Visualisierungstechniken gestärkt werden, indem der Hypnotisand sich vorstellt, welche positiven Aspekte seines Lebens erhalten bleiben, wenn er bestimmte Veränderungen vornimmt. Solche Techniken verstärken das Gefühl, dass es sich lohnt, das Erreichte zu bewahren.

Verlustaversion spielt auch in sozialen Kontexten eine große Rolle. Beispielsweise zeigen Studien, dass Menschen eher bereit sind, einen Gefallen zu tun, wenn sie das Gefühl haben, dass ein Verlust oder eine negative Konsequenz vermieden wird. Hypnotische Suggestionen, die Verlustaversion ansprechen, können deshalb besonders effektiv sein, um Verhaltensänderungen zu motivieren.

3. Anker-Effekt

Der Anker-Effekt beschreibt, wie stark unsere Entscheidungen von einer ersten Information beeinflusst werden, die wir hören. Ein bekanntes Beispiel aus einem nicht-hypnotischen Kontext ist das Feilschen auf einem Flohmarkt: Wenn der Verkäufer einen hohen Startpreis nennt, dient dieser als Anker, der die weiteren Preisverhandlungen beeinflusst. Menschen neigen dazu, ihre nachfolgenden Einschätzungen und Angebote in Bezug auf diesen anfänglichen Anker zu setzen. Dieser Effekt kann auch in der Hypnose angewendet werden, indem man einen positiven Anker setzt. Ein Beispiel wäre, zu Beginn der Trance eine kraftvolle und positive Vorstellung zu erzeugen, an der sich alle weiteren Suggestionen orientieren: "Stellen Sie sich vor, wie es wäre, wenn Sie jeden Tag voller Energie und Freude starten – dieser Gedanke wird Ihr Anker sein, auf den Sie immer wieder zurückkommen können."

Der Anker-Effekt kann auch genutzt werden, um langfristige Veränderungen zu unterstützen. Wenn der Hypnotisand beispielsweise eine positive Veränderung in einem bestimmten Kontext erlebt hat, kann dieser Moment als Anker verwendet werden: "Denken Sie an das Gefühl der Zufriedenheit, das Sie empfunden haben, als Sie dieses Ziel erreicht haben – dieses Gefühl kann jederzeit wieder abgerufen werden." Ein weiteres Beispiel aus der Praxis wäre, einen bestimmten Duft oder ein bestimmtes Geräusch mit einem positiven Erlebnis zu verknüpfen, sodass das Wiederauftreten dieses Reizes den positiven Zustand reaktiviert. Durch solche Anker lässt sich der Effekt der Hypnose auch in den Alltag hinein verlängern und verstärken.

Ein Beispiel aus einem nicht-hypnotischen Kontext ist der sogenannte „Ankereffekt" in Preisverhandlungen. Wenn ein hoher Preis als erstes genannt wird, neigen Menschen dazu, ihre nachfolgenden Einschätzungen daran zu orientieren. In der Hypnose könnte ein ähnlicher Mechanismus genutzt werden, um ein positives Zielverhalten als Anker zu setzen und daran alle weiteren Suggestionen anzupassen. Dies führt dazu, dass der Hypnotisand automatisch die gesetzte positive Stimmung oder Erwartung als Referenzpunkt nimmt.

4. Verfügbarkeitsheuristik

Die Verfügbarkeitsheuristik beschreibt die Neigung, Informationen, die leicht in den Sinn kommen, als besonders wichtig oder repräsentativ zu betrachten. In der Hypnose kann diese Verzerrung genutzt werden, indem positive Erlebnisse ins Bewusstsein gerufen werden, die leicht verfügbar sind. Indem der Hypnotiseur dem

Hypnotisanden hilft, sich lebhaft an eine Zeit zu erinnern, in der er sich glücklich und erfolgreich gefühlt hat, wird diese positive Emotion verstärkt und zur Grundlage für weitere Suggestionen.

Die Verfügbarkeitsheuristik kann auch dazu verwendet werden, negative Erinnerungen zu relativieren, indem positive, leicht abrufbare Erinnerungen hervorgehoben werden. Wenn der Hypnotisand beispielsweise dazu neigt, sich auf Misserfolge zu konzentrieren, kann der Hypnotiseur bewusst positive Erfolgserlebnisse ins Bewusstsein rufen, um das Gesamtbild ins Positive zu verschieben: "Denken Sie an die vielen Male, in denen Sie erfolgreich waren und wie gut es sich angefühlt hat – diese Erfolge sind genauso wahr wie die Herausforderungen." Diese Technik hilft, die Gewichtung negativer Erinnerungen zu verringern und das Gesamtbild positiver zu gestalten, was zu einem optimistischeren und selbstbewussteren Umgang mit zukünftigen Herausforderungen führt.

Studien haben gezeigt, dass wir besonders auf Ereignisse reagieren, die leicht in den Sinn kommen – sei es aufgrund ihrer emotionalen Intensität oder ihrer Häufigkeit. Daher kann es in der Hypnose besonders hilfreich sein, positive und einprägsame Erinnerungen zu reaktivieren, um die gewünschten emotionalen Zustände zu verankern. Dies ist besonders dann wichtig, wenn es darum geht, negative Erfahrungen oder Ängste zu überwinden.

5. Selbstwertdienliche Verzerrung

Die selbstwertdienliche Verzerrung beschreibt die Tendenz, Erfolge den eigenen Fähigkeiten zuzuschreiben, während Misserfolge auf äußere Umstände zurückgeführt werden. In der Hypnose kann dies genutzt werden, um das Selbstbewusstsein zu stärken. Suggestionen, die darauf abzielen, Erfolge zu feiern und auf die eigenen Stärken hinzuweisen, können das positive Selbstbild verstärken: "Ihre Erfolge sind das Ergebnis Ihrer Fähigkeiten und Ihrer Ausdauer – Sie haben immer wieder bewiesen, dass Sie Herausforderungen meistern können."

Darüber hinaus können Suggestionen genutzt werden, um den Hypnotisanden dazu zu bringen, Misserfolge in einem neuen Licht zu betrachten. Anstatt sich auf das Versagen zu konzentrieren, wird der Fokus darauf gelegt, was daraus gelernt werden kann und wie äußere Umstände eine Rolle gespielt haben: "Jeder Fehler ist eine Chance, etwas Neues zu lernen, und oft sind es die Umstände, die uns herausfordern – und das ist völlig in Ordnung." Diese Umdeutung von Misserfolgen unterstützt das Selbstwertgefühl und hilft dabei, eine gesündere Einstellung gegenüber Rückschlägen zu entwickeln.

Ein Beispiel aus dem Alltag: Ein Schüler, der eine Prüfung nicht besteht, könnte diese Erfahrung als Folge äußerer Umstände (z. B. Müdigkeit oder Ablenkung) interpretieren und seine Stärken und Anstrengungen weiterhin im Vordergrund sehen. In der Hypnose können ähnliche Suggestionen verwendet werden, um das Selbstwertgefühl zu stärken und Rückschläge als Teil des Wachstumsprozesses zu sehen. Dies trägt wesentlich zur Resilienz und zu einem positiven Selbstbild bei.

Suggestionen formulieren unter Berücksichtigung kognitiver Verzerrungen

Das Wissen um kognitive Verzerrungen kann helfen, Suggestionen effektiver zu gestalten, indem sie gezielt auf die Mechanismen dieser Verzerrungen eingehen. Dadurch können sie das Unterbewusstsein besser ansprechen und die Wahrscheinlichkeit einer Verhaltensänderung erhöhen. Hier sind einige Möglichkeiten, wie diese Verzerrungen genutzt werden können:

- **Bestätigungsfehler**: Suggestionen bauen auf bestehenden Überzeugungen auf und bestärken diese, um Widerstände zu minimieren.
- **Verlustaversion**: Suggestionen, die das Vermeiden negativer Konsequenzen betonen, wirken besonders motivierend.
- **Anker-Effekt**: Ein positiver Anker zu Beginn der Trance verstärkt alle folgenden Suggestionen.
- **Verfügbarkeitsheuristik**: Positive, leicht abrufbare Erinnerungen werden hervorgehoben, um positive Gefühle zu verankern.
- **Selbstwertdienliche Verzerrung**: Das Hervorheben von Stärken und Erfolgen stärkt das Selbstbild und baut Selbstvertrauen auf.

Zusammenfassung

Kognitive Verzerrungen sind tief im menschlichen Denken verankert und beeinflussen unser tägliches Leben, oft ohne dass wir uns dessen bewusst sind. Sie spielen auch eine entscheidende Rolle in der Hypnose, da das gezielte Verständnis dieser Verzerrungen dazu beitragen kann, Suggestionen wirkungsvoller zu gestalten. Indem die Mechanismen von Bestätigungsfehler, Verlustaversion, Anker-Effekt, Verfügbarkeitsheuristik und selbstwertdienlichen Verzerrungen genutzt werden, können hypnotische Techniken das Unterbewusstsein gezielt beeinflussen und positive Veränderungen erleichtern.

Das Bewusstsein für diese Denkfehler ermöglicht es Hypnotiseuren, Suggestionen so zu formulieren, dass sie besonders gut im Unterbewusstsein verankert werden. Die Kunst der Hypnose besteht darin, Suggestionen gezielt an die Funktionsweise des menschlichen Denkens anzupassen, um nachhaltige Veränderungen zu erreichen und das Potenzial des Hypnotisanden voll auszuschöpfen. Durch die Anwendung dieser Prinzipien können Hindernisse überwunden und neue, positive Verhaltensweisen gefestigt werden, wodurch die Hypnose zu einem mächtigen Werkzeug für persönliches Wachstum wird.

6. Hypnotische Sprachmuster: Die Kunst, das Unterbewusstsein zu erreichen

Ein Blick in die Linguistik – Wie Sprache wirkt

Sprache ist eines der mächtigsten Werkzeuge, das wir besitzen. Sie hat nicht nur die Funktion, Informationen zu übermitteln, sondern beeinflusst auch unsere Wahrnehmung, unser Denken und unser Verhalten. Die Linguistik, die Wissenschaft der Sprache, hat viele Erkenntnisse darüber geliefert, wie wir Sprache verarbeiten und welche Wirkung bestimmte Worte und Formulierungen auf uns haben.

Ein Schlüsselkonzept in der Linguistik ist der "Bedeutungshof" eines Wortes, der beschreibt, dass jedes Wort nicht nur eine wörtliche Bedeutung hat, sondern auch eine Vielzahl von Assoziationen und Gefühlen auslöst. Zum Beispiel kann das Wort 'Sommer' Assoziationen an Sonnenschein, Ferien, Freiheit oder bestimmte Gerüche hervorrufen, die individuell verschieden sind. Hypnotische Sprachmuster machen sich dieses Konzept zunutze, indem sie gezielt Worte und Formulierungen verwenden, die positive und erwünschte Assoziationen wecken. Außerdem nutzt die Hypnose Erkenntnisse aus der Pragmatik, einem Teilbereich der Linguistik, der sich mit dem Kontext befasst, in dem Sprache verwendet wird. Hypnotische Sprachmuster sind besonders wirkungsvoll, weil sie den Kontext so gestalten, dass das Unterbewusstsein die gewünschte Botschaft ohne Widerstand annimmt.

Einführung in hypnotische Sprachmuster

Hypnotische Sprachmuster sind spezielle Techniken, die darauf abzielen, das Unterbewusstsein direkt anzusprechen und positive Veränderungen zu bewirken. Sie nutzen gezielt Sprache, um tief verwurzelte Denk- und Verhaltensmuster zu beeinflussen. Zum Beispiel kann eine einfache Suggestion wie 'Du fühlst dich entspannt' im hypnotischen Zustand eine starke Wirkung entfalten. Sie unterscheiden sich von normaler Sprache durch ihre gezielte Anwendung und ihre spezifische Struktur, die darauf abzielt, Widerstände des bewussten Verstandes zu umgehen. Diese

Widerstände entstehen oft durch den kritischen Teil des Bewusstseins, der neue Informationen hinterfragt und blockieren kann, wenn sie nicht mit bisherigen Überzeugungen übereinstimmen. Zum Beispiel könnte jemand, der tief davon überzeugt ist, dass er nicht gut genug ist, eine Suggestion wie 'Du bist erfolgreich' ablehnen, weil sie im Widerspruch zu seinem bisherigen Selbstbild steht. Diese Sprachmuster können sowohl im hypnotischen Trancezustand als auch in alltäglichen Situationen angewendet werden. Sie sind darauf ausgelegt, eine tiefe und nachhaltige Wirkung zu erzielen, die das Denken und Verhalten des Hypnotisanden positiv beeinflusst.

Die wichtigsten hypnotischen Sprachmuster im Überblick

1. Direkte und indirekte Suggestionen

Direkte Suggestionen sind klare und präzise Aussagen, die eine bestimmte Reaktion hervorrufen sollen. Sie wirken besonders gut, wenn der Hypnotisand in einer tiefen Trance ist und der kritische Filter des bewussten Verstandes in den Hintergrund getreten ist. Ein Beispiel für eine direkte Suggestion wäre: „Du fühlst Dich jetzt ruhig und entspannt."

Indirekte Suggestionen hingegen sind subtiler und oft effektiver, weil sie dem Unterbewusstsein die Freiheit lassen, die Botschaft auf eigene Weise zu interpretieren. Ein Beispiel für eine indirekte Suggestion wäre: „Vielleicht bemerkst Du, wie sich eine angenehme Ruhe in Dir ausbreitet." Indirekte Suggestionen umgehen den kritischen Filter und erzeugen weniger Widerstand, da sie nicht wie ein Befehl wirken.

Praktisches Beispiel für Raucherentwöhnung: Statt zu sagen: „Du wirst keine Zigaretten mehr rauchen wollen", könnte man indirekt formulieren: „Vielleicht bemerkst Du, dass das Bedürfnis zu rauchen immer seltener wird, so wie ein Blatt im Wind, das allmählich davonfliegt." Diese indirekte Formulierung spricht das Unterbewusstsein sanfter an und erzeugt weniger Widerstand.

2. Embedded Commands (Eingebettete Befehle)

Ein embedded command ist ein Befehl, der in einen Satz eingebettet ist, sodass er weniger direkt erscheint und dadurch leichter vom Unterbewusstsein angenommen wird. Oft wird dieser Befehl durch eine sogenannte 'analoge Markierung' hervorgehoben, zum Beispiel durch eine Veränderung in der Stimme, eine Pause oder eine besondere Betonung. Diese analoge Markierung sorgt dafür, dass das

Unterbewusstsein den eingebetteten Befehl erkennt, auch wenn der bewusste Verstand ihn nicht aktiv verarbeitet. Eine analoge Markierung kann zum Beispiel durch eine Veränderung der Stimme, eine besondere Betonung oder eine gezielte Geste erfolgen, wodurch der eingebettete Befehl für das Unterbewusstsein hervorgehoben wird.

Beispiel: „Manchmal bemerken Menschen, dass sie sich entspannen können, wenn sie tief durchatmen." Der eingebettete Befehl hier ist „entspannen können", und er wird in einen allgemeinen Satz eingebettet, der den kritischen Verstand weniger aktiviert. Die analoge Markierung erfolgt hier durch eine sanfte Betonung des eingebetteten Befehls, sodass das Unterbewusstsein diesen klar erkennt.

Funktionsweise: Das Unterbewusstsein erkennt den eingebetteten Befehl als Aufforderung, insbesondere wenn er durch eine analoge Markierung hervorgehoben wird, während der bewusste Verstand ihn als Teil einer allgemeinen Aussage interpretiert. Dies ist besonders hilfreich, wenn jemand von vornherein skeptisch gegenüber direkten Anweisungen ist.

Praktisches Beispiel für Stressbewältigung: „Vielleicht wirst Du feststellen, dass Du heute Abend, wenn Du nach Hause kommst, einfach loslassen kannst." Der eingebettete Befehl „loslassen" wird im Kontext einer normalen Aussage gegeben und durch eine analoge Markierung hervorgehoben, wodurch der kritische Filter umgangen wird.

3. Metaphern und Geschichten

Metaphern und Geschichten sind kraftvolle Werkzeuge, um das Unterbewusstsein zu erreichen, weil sie Bilder und Assoziationen erzeugen, die das bewusste Denken umgehen. Das Unterbewusstsein ist besonders empfänglich für Geschichten, da sie emotionale Ebenen ansprechen und es dem Zuhörer ermöglichen, sich mit den Charakteren oder Situationen zu identifizieren, was eine tiefere emotionale Resonanz erzeugt. Emotionale Erfahrungen und bildhafte Erzählungen umgehen das rationale Denken, wodurch die Botschaften tiefer verankert werden. Geschichten sprechen emotionale Ebenen an und erzeugen innere Bilder, die tiefer verankert werden als rein logische Erklärungen, was ihre Wirkung verstärkt. Milton Erickson war bekannt für seine Fähigkeit, Geschichten zu erzählen, die genau die Botschaften enthielten, die er seinen Patienten vermitteln wollte, ohne dass diese es bewusst merkten.

Beispiel: „Stell Dir einen Baum vor, der tief verwurzelt ist und dem stärksten Sturm standhält. So wie dieser Baum kannst auch Du in schwierigen Zeiten fest verwurzelt bleiben." Diese Metapher vermittelt Stärke und Stabilität, ohne dies direkt zu fordern.

Funktionsweise: Das Unterbewusstsein liebt Geschichten und Bilder. Wenn der Hypnotisand sich den Baum vorstellt, wird die Botschaft von Stärke und Verwurzelung auf emotionaler Ebene aufgenommen, ohne dass der bewusste Verstand Widerstand leistet.

Praktisches Beispiel für Raucherentwöhnung: Eine Geschichte über jemanden, der einen schweren Rucksack voller Steine trug und merkte, dass er einen Stein nach dem anderen loslassen konnte, bis der Rucksack leicht war. Diese Metapher kann das Loslassen von Zigaretten symbolisieren und dem Unterbewusstsein helfen, die Idee des „Loslassens" zu verankern.

4. Sprachliche Weichmacher

Sprachliche Weichmacher wie „vielleicht", „es könnte sein, dass" oder „manchmal" reduzieren den Widerstand des kritischen Filters und lassen Suggestionen leichter ins Unterbewusstsein gelangen. Ein Beispiel aus dem Alltag wäre, wenn ein Elternteil zu einem Kind sagt: „Vielleicht möchtest du deine Hausaufgaben jetzt machen, damit du später mehr Freizeit hast." Dies vermittelt eine Möglichkeit, ohne Druck auszuüben, und lässt dem Kind die Freiheit, sich dafür zu entscheiden. Ein weiteres Beispiel wäre, wenn ein Lehrer die Formulierung verwendet: „Vielleicht möchtest du dieses Problem noch einmal durchdenken", um den Schüler zu ermutigen, ohne Druck auszuüben. Solche Weichmacher lassen dem Unterbewusstsein die Freiheit, die Suggestion anzunehmen. Sie schaffen einen Raum der Möglichkeit, in dem das Unterbewusstsein entscheiden kann, ob es der Suggestion folgen möchte.

Beispiel: „Vielleicht bemerkst Du schon, wie sich Dein Körper immer mehr entspannt." Das Wort „vielleicht" nimmt den Druck weg und lässt dem Unterbewusstsein die Freiheit, der Suggestion zu folgen.

Funktionsweise: Sprachliche Weichmacher reduzieren den Druck, der durch direkte Anweisungen entsteht, und fördern eine offene, entspannte Haltung. Das Unterbewusstsein kann die Suggestion annehmen, ohne das Gefühl zu haben, dazu gezwungen zu werden.

5. Doppeldeutigkeiten (Ambiguitäten)

Doppeldeutige Formulierungen, auch Ambiguitäten genannt, sind Aussagen, die auf mehrere Arten verstanden werden können. Solche Aussagen erzeugen eine gewisse Verwirrung, die das bewusste Denken überfordert und den Weg für das Unterbewusstsein öffnet, die Botschaft zu verarbeiten.

Beispiel: „Es ist einfach erstaunlich, was Du jetzt erleben wirst." Das Wort „erleben" kann viele Bedeutungen haben, was das Unterbewusstsein dazu veranlasst, eine eigene, passende Interpretation zu finden.

Funktionsweise: Ambiguitäten erzeugen eine Art „Schwebezustand", in dem das bewusste Denken keine klare Antwort findet und sich daher zurückzieht, was den Einfluss auf das Unterbewusstsein verstärkt.

6. Future Pacing (Zukunftsorientierte Suggestionen)

Future Pacing ist eine Technik, bei der der Hypnotisand eingeladen wird, sich eine zukünftige Situation vorzustellen, in der die gewünschte Veränderung bereits stattgefunden hat. Diese Technik hilft dem Unterbewusstsein, sich auf das gewünschte Ergebnis auszurichten und stärkt die positive Erwartungshaltung.

Beispiel: „Stell Dir vor, wie Du Dich in einer Woche fühlst, wenn Du diese innere Ruhe in Dir trägst und alles, was Du tust, mit Gelassenheit angehst."

Funktionsweise: Future Pacing nutzt die Vorstellungskraft des Hypnotisanden, um positive Veränderungen im Unterbewusstsein zu verankern. Indem die gewünschte Zukunft lebendig vorgestellt wird, wird das Unterbewusstsein motiviert, diese Realität wahr werden zu lassen.

Praktisches Beispiel für Raucherentwöhnung: „Stell Dir vor, wie Du Dich in einem Monat fühlst, wenn Du frei von Zigaretten bist und Dein Atem tief und frisch ist."

7. Negationen und paradoxe Interventionen

Negationen werden in der Hypnose oft verwendet, um das Unterbewusstsein auf subtile Weise zu beeinflussen. Das Unterbewusstsein kann Negationen schwer verarbeiten, sodass Aussagen wie „Denk nicht an eine Zigarette" oft dazu führen, dass genau das Bild einer Zigarette im Kopf entsteht.

Beispiel: „Es ist in Ordnung, wenn Du jetzt nicht sofort daran denkst, wie frei Du Dich ohne Zigaretten fühlen wirst."

Funktionsweise: Das Unterbewusstsein ignoriert oft das „nicht" und konzentriert sich auf den Rest der Aussage. Dadurch wird die positive Botschaft, in diesem Fall das Gefühl der Freiheit, hervorgehoben.

8. Double Binds (Doppelbindungen)

Ein Double Bind ist eine Technik, bei der zwei Optionen angeboten werden, die beide zum gewünschten Ergebnis führen. Es wird dem Unterbewusstsein die Illusion einer Wahl gegeben, wobei beide Optionen positive Auswirkungen haben.

Beispiel: „Möchtest Du Dich jetzt entspannen, indem Du zuerst Deine Atmung vertiefst, oder indem Du Deine Augen schließt und einfach loslässt?"

Funktionsweise: Das Unterbewusstsein bekommt das Gefühl, eine Entscheidung treffen zu können, während beide Optionen zum gewünschten Ergebnis führen. Dies reduziert den Widerstand, da der Hypnotisand die Illusion hat, selbst die Kontrolle zu haben.

Praktisches Beispiel für Raucherentwöhnung: „Möchtest Du heute anfangen, weniger zu rauchen, oder wirst Du morgen den ersten Schritt tun, um damit aufzuhören?" Beide Optionen zielen auf die Reduktion des Rauchens ab.

9. Utilisation (Nutzung des Vorhandenen)

Die Utilisation ist eine Technik, die Milton Erickson häufig verwendet hat. Hierbei wird alles, was der Hypnotisand mitbringt – seien es Widerstände, Gedanken, Gefühle oder äußere Umstände – genutzt, um die Hypnose zu vertiefen und die gewünschten Veränderungen zu unterstützen.

Beispiel: Wenn ein Hypnotisand nervös ist, könnte der Hypnotiseur sagen: „Diese Nervosität zeigt, dass Dein Körper sich darauf vorbereitet, etwas Wichtiges zu erfahren. Vielleicht wirst Du feststellen, dass diese Energie Dich jetzt tiefer in die Entspannung führen kann."

Funktionsweise: Anstatt Widerstand zu bekämpfen, wird dieser in die Hypnose integriert und als positiver Faktor genutzt. Das Unterbewusstsein erkennt, dass es keinen Grund gibt, sich zu wehren, da alles willkommen ist.

10. Das Ja-Set

Ein weiteres wirksames hypnotisches Sprachmuster ist das Ja-Set. Das Ja-Set ist eine Technik, bei der der Hypnotiseur eine Reihe von Aussagen trifft, denen der

Hypnotisand zwangsläufig zustimmen muss. Diese Aussagen sind so gewählt, dass sie wahr und unbestreitbar sind, wodurch der Hypnotisand in einen Zustand der Zustimmung gebracht wird. Das Ziel ist es, das Unterbewusstsein daran zu gewöhnen, „Ja" zu sagen, sodass es auch bei nachfolgenden Suggestionen positiv reagiert.

Beispiel: „Du sitzt jetzt hier, Du hörst meine Stimme, und vielleicht spürst Du, wie Deine Füße den Boden berühren." Diese Aussagen sind alle wahr und werden vom Hypnotisanden leicht akzeptiert. Wenn dann eine Suggestion folgt wie „Vielleicht bemerkst Du, wie sich Entspannung in Deinem Körper ausbreitet", ist die Wahrscheinlichkeit höher, dass diese ebenfalls akzeptiert wird, weil der Hypnotisand bereits im Modus des Zustimmens ist.

Funktionsweise: Das Ja-Set nutzt die psychologische Tendenz, eine Serie von Bestätigungen fortzusetzen. Wenn das Unterbewusstsein wiederholt zugestimmt hat, wird es wahrscheinlicher, dass es auch der nachfolgenden Suggestion zustimmt, selbst wenn diese eine Verhaltensänderung beinhaltet.

11. Kausale Verbindungen (Ursache und Wirkung)

Kausale Verbindungen sind ein hypnotisches Sprachmuster, das einen scheinbaren Zusammenhang zwischen zwei Ereignissen herstellt, auch wenn dieser nicht zwingend besteht. Diese Technik verstärkt die Wirkung einer Suggestion, indem sie eine Kausalkette schafft, die das Unterbewusstsein dazu verleitet, eine bestimmte Schlussfolgerung zu akzeptieren. Das Prinzip der Kausalität hilft dem Unterbewusstsein dabei, Anweisungen als selbstverständlich zu betrachten und dadurch die gewünschten Änderungen herbeizuführen.

Beispiel: „Sobald Du meine Stimme hörst, wirst Du bemerken, wie sich eine tiefe Ruhe in Dir ausbreitet." Hier wird suggeriert, dass das Hören der Stimme die Ursache für das Entstehen von Ruhe ist. Das Unterbewusstsein akzeptiert diese Kausalkette, wodurch die Entspannung tatsächlich eintreten kann.

Funktionsweise: Das Herstellen eines kausalen Zusammenhangs sorgt dafür, dass das Unterbewusstsein den zweiten Teil der Aussage als natürliche Folge des ersten akzeptiert. Dies hilft, gewünschte Reaktionen hervorzurufen, ohne dass der bewusste Verstand die Verknüpfung hinterfragt.

12. Emotionale Relevanz herstellen

Die emotionale Relevanz ist ein wesentliches Element hypnotischer Sprachmuster, um die Aufmerksamkeit des Unterbewusstseins zu gewinnen und eine tiefere Wirkung zu erzielen. Wenn etwas emotional relevant ist, wird es vom Unterbewusstsein als wichtiger empfunden und entsprechend stärker verarbeitet. Emotionen wie Freude, Trauer, Angst oder Hoffnung lassen Informationen lebendig werden und binden das Unterbewusstsein an die Botschaft.

Beispiel durch Provokation: „Vielleicht erinnert Dich das Gefühl der Freiheit daran, wie Du Dich als Kind gefühlt hast, als Du zum ersten Mal ohne Stützräder Fahrrad gefahren bist – dieser Moment, in dem Du wusstest, dass Du es geschafft hast." Hier wird eine emotionale Erinnerung provoziert, die tief im Unterbewusstsein verankert ist und die Verbindung zur aktuellen Suggestion stärkt.

Spannungsbogen aufbauen: „Stell Dir vor, wie Du Schritt für Schritt leichter und freier wirst. Jeden Tag ein bisschen mehr, bis Du eines Tages merkst, dass das Rauchen keine Bedeutung mehr für Dich hat." Hier wird eine positive Erwartungshaltung erzeugt, die einen inneren Spannungsbogen aufbaut und das Unterbewusstsein dazu anregt, diesen Zustnd herbeizuführen.

Funktionsweise: Das Erzeugen emotionaler Relevanz sorgt dafür, dass das Unterbewusstsein stärker auf die Suggestion reagiert und sie als wichtiger einstuft. Emotionale Verknüpfungen sind besonders langlebig und helfen dabei, das gewünschte Verhalten nachhaltig zu etablieren.

Hypnotische Sprachmuster im Alltag

Hypnotische Sprachmuster sind nicht nur in der Hypnose selbst wirksam, sondern auch im Alltag. Coaches, Verkäufer, Lehrer und sogar Eltern nutzen diese Techniken oft unbewusst, um eine bestimmte Wirkung zu erzielen. Das bewusste Anwenden dieser Sprachmuster kann helfen, Botschaften auf eine Weise zu vermitteln, die das Unterbewusstsein anspricht und positive Veränderungen unterstützt – sei es, um jemandem zu helfen, Vertrauen aufzubauen, Motivation zu finden oder einfach nur, um eine entspannte Atmosphäre zu schaffen. Zum Beispiel könnten Verkäufer die Technik des Future Pacing nutzen, indem sie einen potenziellen Kunden einladen, sich vorzustellen, wie sich sein Leben mit dem Produkt verbessert. Lehrer könnten durch sprachliche Weichmacher den Widerstand von Schülern senken, wenn es darum geht, neue Herausforderungen anzunehmen.

Hypnotische Sprachmuster sind mächtige Werkzeuge, die auf Erkenntnissen der Linguistik, der Psychologie und der Hypnose basieren. Sie sind so konzipiert, dass sie das Unterbewusstsein direkt ansprechen und so Veränderungen ermöglichen, die mit rein rationalen Argumenten oft schwer zu erreichen sind. Ob es darum geht, Widerstände zu umgehen, positive Assoziationen zu erzeugen oder das Unterbewusstsein auf eine gewünschte Zukunft auszurichten – hypnotische Sprachmuster bieten vielfältige Möglichkeiten, Menschen auf einer tieferen Ebene zu erreichen und positive Entwicklungen zu unterstützen.

Die Techniken, wie eingebettete Befehle, Future Pacing, Metaphern, Doppeldeutigkeiten, emotionale Relevanz und andere, schaffen eine Verbindung zwischen bewusster Wahrnehmung und unbewusster Reaktion. Dadurch können langjährige Muster verändert und neue, positive Verhaltensweisen etabliert werden. Hypnose nutzt die Kunst der Sprache, um das Bewusstsein zu beruhigen und das Unterbewusstsein zu aktivieren, damit der Weg zu einem besseren Verständnis des Selbst und zu positiver Veränderung geebnet wird.

Diese Sprachmuster sind nicht nur in therapeutischen Kontexten wirksam, sondern auch im Alltag, um effektiver zu kommunizieren, Beziehungen zu verbessern und die gewünschte Wirkung bei anderen zu erzielen. Ob beim Coaching, im Verkauf oder im persönlichen Leben – das Wissen um hypnotische Sprachmuster ermöglicht es, das volle Potenzial der Sprache auszuschöpfen, um Einfluss zu nehmen und positive Veränderungen zu fördern.

7. Trance-Induktion

Die Grundlagen der Trance-Induktion

Die Induktion eines hypnotischen Zustands ist der Prozess, durch den der Hypnotiseur den Hypnotisanden in einen veränderten Bewusstseinszustand führt – die sogenannte Trance. In diesem Zustand ist das Bewusstsein entspannt, der kritische Filter abgeschwächt, und das Unterbewusstsein wird empfänglicher für Suggestionen. Die Induktion ist somit ein essenzieller Bestandteil jeder Hypnosesitzung und bildet die Basis für alle weiteren hypnotischen Prozesse.

Trance-Induktionstechniken basieren darauf, das Bewusstsein in einer Weise zu fokussieren, dass es ausgelastet ist oder sich ermüdet, wodurch der Zugang zum Unterbewusstsein erleichtert wird. Zum Beispiel kann dies durch das Fixieren eines Punktes, das Hören auf monotone Geräusche oder das Zählen von Atemzügen erreicht werden, bis das bewusste Denken nachlässt und das Unterbewusstsein in den Vordergrund tritt. Das Bewusstsein ist gut darin, Aufgaben zu lösen, aber es ermüdet schnell, wenn es mit monotonen oder eintönigen Aufgaben beschäftigt wird. Ein typisches Beispiel dafür ist das monotone Rauschen eines Ventilators oder das gleichmäßige Ticken einer Uhr. Auch das Autofahren auf einer langen, geraden Strecke – das sogenannte „Highway Hypnosis"-Phänomen – führt oft dazu, dass das Bewusstsein in einen gedankenlosen, fast tranceähnlichen Zustand verfällt. In solchen Situationen schaltet das Bewusstsein auf „Autopilot", während das Unterbewusstsein weiterhin aktiv bleibt und äußere Reize verarbeitet.

Das Bewusstsein hat die Fähigkeit, sich nur auf eine begrenzte Anzahl von Dingen gleichzeitig zu konzentrieren. Es kann keine zwei Aufgaben parallel bewusst erledigen, weshalb es schnell überfordert oder ermüdet, wenn es mit einer eintönigen, monotonen Tätigkeit konfrontiert wird. Während das Bewusstsein auf eine solche Aufgabe fokussiert ist, werden äußere Informationen unbewusst verarbeitet. Ein gutes Beispiel hierfür ist das Telefonieren während eines Spaziergangs. Während man sich auf das Gespräch konzentriert, nimmt man die Umgebung – wie vorbeigehende Menschen oder Geräusche – nur unbewusst wahr, obwohl das Unterbewusstsein diese Reize weiterhin registriert und verarbeitet.

Diese Art der bewussten Ermüdung wird auch in der Hypnose genutzt, weil sie das Bewusstsein erschöpft und dadurch den Zugang zum Unterbewusstsein erleichtert. Wenn das Bewusstsein ausgelastet oder ermüdet ist, richtet sich der Fokus von außen nach innen, und äußere Reize werden auf einer unbewussten Ebene weiterverarbeitet. Das zeigt sich auch im Zustand zwischen Wachsein und Einschlafen. Viele Menschen haben die Erfahrung gemacht, dass sie beim Aufwachen das Klingeln des Weckers als Teil eines Traums wahrnehmen – das Unterbewusstsein integriert den äußeren Reiz in einen Traum, ohne dass das Bewusstsein aktiv daran beteiligt ist.

Es ist wichtig zu betonen, dass diese Ermüdung des Bewusstseins nichts damit zu tun hat, wie ausgeschlafen oder müde eine Person ist. Der Zustand, der sich einstellt, wenn das Bewusstsein „einschläft", ist kein Schlafzustand, sondern vielmehr eine Art Trance, bei der sich der Fokus von außen nach innen richtet. Äußere Reize werden weiterhin verarbeitet, jedoch auf einer unbewussten Ebene.

Trance-Induktion durch bewusste Ermüdung

Dieser Mechanismus wird zur Trance-Induktion genutzt, indem das Bewusstsein mit einer monotonen Aufgabe beschäftigt wird, wie etwa dem Fixieren eines Punktes. Währenddessen werden Suggestionen gegeben, die dazu führen, dass das Bewusstsein allmählich ermüdet und das Unterbewusstsein empfänglicher für die Suggestionen wird. Auf diese Weise kann eine Trance erreicht werden, in der der kritische Filter des Bewusstseins umgangen wird und Suggestionen direkt ins Unterbewusstsein gelangen.

Fixationstechnik: Eine klassische Methode der Trance-Induktion

Eine der grundlegendsten Methoden zur Trance-Induktion ist die Fixationstechnik, die besonders effektiv ist, weil sie das Bewusstsein auf eine monotone Aufgabe fokussiert und dadurch schnell ermüdet, was das Unterbewusstsein zugänglicher macht. Sie fokussiert das Bewusstsein des Hypnotisanden auf eine einfache, monotone Aufgabe und nutzt die natürliche Ermüdung des Bewusstseins, um eine Trance herbeizuführen. Im Folgenden wird der gesamte Prozess der Fixationstechnik beschrieben, inklusive der Sprachmuster, die angewendet werden, und ihrer Wirkung.

Einstieg in die Fixation

Der Hypnotiseur beginnt, indem er den Hypnotisanden in eine bequeme Position bringt und eine entspannte, ablenkungsfreie Atmosphäre schafft. Dann spricht er den Hypnotisanden direkt an, um ihn auf den Prozess vorzubereiten:

- **Hypnotiseur**: „Fixiere diesen Punkt und konzentriere dich nur noch auf diesen Punkt. Konzentriere dich auf seine Größe, seine Farbe, und lasse ihn nicht mehr aus deinen Augen."
  - o **Erklärung**: Diese Suggestion lenkt die gesamte Aufmerksamkeit des Hypnotisanden auf einen einzigen Punkt. Die detaillierte Beschreibung der Fixation (Größe, Farbe) sorgt dafür, dass das Bewusstsein voll ausgelastet ist. Der hypnotische Sprachbefehl ist

direkt und enthält eine klare Anweisung, die das Bewusstsein beschäftigt und allmählich ermüdet.

- **Hypnotiseur**: „Während du dich nur noch auf diesen Punkt konzentrierst, kannst du vielleicht spüren, wie anstrengend das werden kann, aber das ist vollkommen in Ordnung."
  - o **Erklärung**: Hier kommt der Weichmacher „vielleicht" zum Einsatz. Er gibt dem Hypnotisanden die Möglichkeit, die Suggestion anzunehmen, ohne dass er sich gezwungen fühlt. Dies hilft, Widerstände zu vermeiden. Gleichzeitig wird eine potenzielle Anstrengung normalisiert („aber das ist vollkommen in Ordnung"), was dazu dient, den Hypnotisanden zu beruhigen und eine Akzeptanz für die Situation zu fördern.
- **Hypnotiseur**: „Vielleicht spürst du, wie deine Augenlider immer schwerer werden dabei, während du dich immer nur auf diesen Punkt konzentrierst."
  - o **Erklärung**: Diese Suggestion verwendet erneut den Weichmacher „vielleicht", um eine Anstrengung der Augenlider zu beschreiben. Dadurch wird dem Hypnotisanden die Freiheit gelassen, ob er die Suggestion annimmt oder nicht. Das Bild der schwer werdenden Augenlider fördert das Gefühl der Ermüdung und hilft dem Hypnotisanden, sich mehr in die Trance fallen zu lassen.
- **Hypnotiseur**: „Es kann sein, dass sich dein Körper beginnt, angenehm schwer anzufühlen, und du dich dabei tief entspannst."
  - o **Erklärung**: Die Suggestion beschreibt eine Körperempfindung („angenehm schwer") und verknüpft diese mit Entspannung. Der Weichmacher „Es kann sein" hilft, Widerstände zu vermeiden, und die Verbindung von Schwere und Entspannung hilft, den Körper in einen Zustand tiefer Entspannung zu bringen. Das Unterbewusstsein nimmt diese Suggestionen leichter auf, da sie als mögliche Empfindungen dargestellt werden.
- **Hypnotiseur**: „Es spielt keine Rolle, ob du deine Augen jetzt oder etwas später schließt, und im Augenblick, wo du deine Augen schließt, wirst du in einem tiefen und entspannten Zustand sein."
  - o **Erklärung**: Hier verwendet der Hypnotiseur eine Double-Bind-Technik („jetzt oder etwas später"), die dem Hypnotisanden das Gefühl gibt, eine Entscheidung zu treffen, obwohl beide Möglichkeiten zum gleichen Ergebnis führen. Dies reduziert Widerstände und ermöglicht eine leichtere Akzeptanz der Suggestion. Der Satz

„im Augenblick, wo du deine Augen schließt" dient als eingebetteter Befehl, der den Übergang in die Trance verstärkt.

Sobald die Augen des Hypnotisanden geschlossen sind, vertieft der Hypnotiseur die Trance weiter:

- **Hypnotiseur**: „Mit jedem Atemzug gehst du tiefer und tiefer in die Entspannung... Spüre, wie jede Ausatmung dich noch weiter in die Ruhe bringt..."
    - **Erklärung**: Diese Suggestion verknüpft die Atmung mit der Vertiefung der Entspannung. Der Atemrhythmus ist etwas, das unbewusst weiterläuft, wodurch die Suggestion eine konstante Vertiefung der Trance bewirkt. Die Wiederholung von „tiefer und tiefer" verstärkt das Gefühl des Sinkens in die Trance.
- **Hypnotiseur**: „Stell dir vor, du liegst auf einer weichen Wolke... jede Wolke trägt dich weiter und weiter... tiefer in die Entspannung."
    - **Erklärung**: Die bildhafte Suggestion dient dazu, das Unterbewusstsein anzusprechen, da es besonders empfänglich für visuelle und emotionale Bilder ist. Die Vorstellung der Wolke erzeugt ein Gefühl der Leichtigkeit und Sicherheit, das die Trance weiter verstärkt.

- **Hypnotiseur**: „Mit jedem Atemzug sinkst du tiefer... jeder Atemzug führt dich weiter in diese wunderbare, tiefe Entspannung... Du kannst alles loslassen und einfach nur sein."
    - **Erklärung**: Die Wiederholung der Suggestionen hilft, die Trance zu stabilisieren und den Hypnotisanden in einem tiefen Zustand der Entspannung zu halten. Die Formulierung „loslassen" ist ein eingebetteter Befehl, der das Gefühl der Entspannung verstärkt und die gesamte Körpermuskulatur anspricht.

Am Ende dieser Schritte befindet sich der Hypnotisand in einer Trance. Die Fixationstechnik hat das Bewusstsein beschäftigt und ermüdet, während die gezielten Suggestionen direkt ins Unterbewusstsein gelangt sind. Jede Suggestion und jedes Sprachmuster hatte die Aufgabe, das Bewusstsein weiter zu beschäftigen, das Unterbewusstsein zu öffnen und eine immer tiefere Entspannung zu ermöglichen.

Trance-Induktion durch Verwirrung

Das Bewusstsein kann nicht nur durch monotone Fixation, sondern auch durch Verwirrung zur Auslastung gebracht werden. Der Prozess der Verwirrung ermöglicht es, das bewusste Denken zu überfordern und es somit in einen Zustand der Überlastung zu versetzen. Dies schafft eine Gelegenheit, das Unterbewusstsein zu erreichen, da der kritische Filter des Bewusstseins geschwächt ist.

Verwirrung im Alltag

Verwirrung im Alltag ist ein bekanntes Phänomen. Jeder Mensch kennt Momente, in denen das Bewusstsein durch eine unerwartete Situation kurzzeitig ausgelastet ist, während äußere Reize unbewusst verarbeitet werden. Ein gutes Beispiel hierfür ist, wenn wir in ein Gespräch vertieft sind und plötzlich jemand unerwartet eine Frage stellt, die keinen offensichtlichen Zusammenhang zum bisherigen Gespräch hat. In diesem Moment ist das Bewusstsein damit beschäftigt, einen Sinn für diese plötzliche Frage zu finden, wodurch wir weniger bewusst auf andere äußere Reize reagieren, wie etwa Hintergrundgeräusche oder visuelle Eindrücke.

Diese Momente verdeutlichen, dass Verwirrung das bewusste Denken auslastet und dazu führt, dass äußere Reize oft nur noch unbewusst wahrgenommen werden. Genau dieser Zustand wird in der Hypnose genutzt, um das Bewusstsein abzulenken und das Unterbewusstsein zu öffnen.

Verwirrung als hypnotische Induktion

Milton Erickson, einer der bekanntesten Hypnosetherapeuten, nutzte gezielt Verwirrung, um das Bewusstsein seiner Patienten zu überfordern und so eine Trance zu induzieren. Ein entscheidender Bestandteil dieser Technik besteht darin, eine Verwirrung zu erzeugen und unmittelbar darauf eine Suggestion einzubetten, die zur Trance führt. Das bewusste Denken kann keine zwei Dinge gleichzeitig tun: Wenn es damit beschäftigt ist, eine verwirrende Situation zu verstehen, wird es durch die gleichzeitige Suggestion leichter umgangen, und das Unterbewusstsein kann die Suggestion direkt aufnehmen.

- **Hypnotiseur**: „Du wirst vielleicht bemerken, dass du gleichzeitig immer ruhiger wirst und doch irgendwie wachsam bleibst, und während du gleichzeitig weißt, dass es einfach ist, nicht zu wissen, was du vielleicht als

nächstes fühlen könntest, merkst du vielleicht, dass es in Ordnung ist, verwirrt zu sein. Und während du das bemerkst, kannst du jetzt beginnen,
eine tiefe Entspannung zu spüren, die sich in deinem Körper ausbreitet."

- o **Erklärung**: In dieser Suggestion verwendet der Hypnotiseur mehrere widersprüchliche Elemente („immer ruhiger und doch wachsam", „einfach ist, nicht zu wissen"), die das Bewusstsein herausfordern. Das Ziel ist, den Hypnotisanden aus seiner gewohnten
  Denkroutine zu bringen, um den kritischen Filter zu umgehen.
  Die Nutzung von „vielleicht" hilft erneut, Widerstände zu vermeiden, indem es dem Hypnotisanden die Freiheit lässt, wie er die
  Suggestion aufnimmt. Anschließend folgt eine Suggestion zur tiefen Entspannung, die in dem Moment, in dem das Bewusstsein
  verwirrt ist, direkt ins Unterbewusstsein gelangt.

Erschrecken als Trance-Induktionstechnik

Ein weiterer Zustand, der genutzt werden kann, um das bewusste Denken zu über-
lasten und dadurch Zugang zum Unterbewusstsein zu erhalten, ist der Moment des
Erschreckens. Wenn wir uns erschrecken, passiert etwas sehr Interessantes: Unser
bewusstes Denken wird für einen kurzen Augenblick unterbrochen, und eine Tür
zum Unterbewusstsein öffnet sich.

Der Prozess des Erschreckens in der Hypnose

Der Moment des Erschreckens ist ein kraftvolles Mittel, um das bewusste Denken
auszuschalten. In diesen Momenten sind wir besonders empfänglich für Suggestionen, da das bewusste Denken kurzzeitig „aussetzt" und der kritische Filter geschwächt ist. Das Unterbewusstsein ist in diesen Augenblicken offen für neue Informationen, da es nicht von der kritischen Instanz des Bewusstseins kontrolliert
wird.

Ein bekanntes Beispiel für die Blitzinduktion ist, wenn der Hypnotiseur den Hypnotisanden bittet, seine Hand auf die des Hypnotiseurs zu legen und leichten Druck
auszuüben. Während der Hypnotisand dies tut, gibt der Hypnotiseur die Suggestion: „Wenn ich gleich ‚Schlaf' sage, wirst du dich tief entspannen." Plötzlich lässt
der Hypnotiseur seine Hand los und ruft gleichzeitig „Schlaf" in einer festen, bestimmten Stimme. Dieser Moment des plötzlichen Loslassens, verbunden mit dem
Wort „Schlaf", führt zu einem kurzen Erschrecken. In diesem Augenblick ist das

bewusste Denken des Hypnotisanden überfordert, und die Suggestion „Schlaf"
dringt direkt ins Unterbewusstsein vor.

Warum funktioniert die Blitzinduktion?

Der Erfolg der Blitzinduktion liegt in der Kombination aus dem Moment des Erschreckens und der gleichzeitigen Suggestion. Das Erschrecken sorgt dafür, dass
das bewusste Denken kurzzeitig aussetzt – der kritische Filter wird umgangen. In
diesem Moment ist das Unterbewusstsein empfänglich, da es keine Zeit hat, die Situation kritisch zu analysieren. Die Suggestion „Schlaf" wird somit ohne Widerstand akzeptiert, und der Hypnotisand sinkt in eine tiefe Trance.

Zusammenfassung

Die Induktion eines hypnotischen Zustands erfolgt durch eine Vielzahl von Techniken, die alle darauf abzielen, das Bewusstsein zu überfordern oder zu ermüden,
um direkten Zugang zum Unterbewusstsein zu erhalten. Ob durch monotone Fixation, Verwirrung oder einen Moment des Erschreckens – die Trance-Induktion
schafft einen Zustand, in dem das Unterbewusstsein empfänglicher für Suggestionen wird. Jede Technik, von der Fixation über Verwirrung bis hin zur Blitzinduktion,
nutzt unterschiedliche Mechanismen, um das bewusste Denken zu umgehen und
den Hypnotisanden in einen tiefen Zustand der Entspannung und Offenheit zu führen.

8. Die Vertiefung der Trance und der Einsatz hypnotischer Phänomene

Die Bedeutung der Trancevertiefung

Nachdem eine Trance erfolgreich induziert wurde, ist es von großer Bedeutung, die
Trance weiter zu vertiefen. Eine tiefergehende Trance ermöglicht es, intensivere
und wirksamere Suggestionen zu geben und das Unterbewusstsein auf einer tieferen Ebene zu erreichen. In diesem Kapitel erkläre ich, warum es notwendig ist, die
Trance zu vertiefen und wie hypnotische Phänomene genutzt werden können, um
diesen Prozess zu unterstützen.

Die anfängliche Trance, die durch Techniken wie Fixation, Verwirrung oder Blitzinduktion erreicht wird, dient als Eingangstor zum Unterbewusstsein. Diese anfängliche Trance bietet eine gute Grundlage, ist aber noch nicht tief genug, um das volle Potenzial der Hypnose auszuschöpfen. Eine Vertiefung ist notwendig, um Suggestionen effektiver ins Unterbewusstsein zu verankern. In diesem Zustand ist der kritische Filter des Bewusstseins bereits geschwächt, jedoch befindet sich der Hypnotisand noch in einem relativ oberflächlichen Trancezustand. In dieser Phase ist das Bewusstsein zwar entspannt, kann jedoch immer noch auf äußere Reize reagieren, was die Effektivität von Suggestionen beeinträchtigen kann.

Eine tiefere Trance bedeutet, dass das bewusste Denken noch weiter in den Hintergrund rückt, der kritische Filter praktisch ausgeschaltet wird und das Unterbewusstsein die Führung übernimmt. Dieser Zustand ermöglicht es, Suggestionen wesentlich direkter und intensiver zu verankern, da das Unterbewusstsein besonders empfänglich für neue Informationen und Veränderungen ist. Dadurch steigt die Empfänglichkeit für Suggestionen, und die Effektivität der Hypnose wird erheblich gesteigert. Eine tiefere Trance führt auch zu einer nachhaltigeren Umsetzung von Veränderungen, da das Unterbewusstsein in diesem Zustand die Informationen besser verarbeiten und speichern kann.

Hypnotische Phänomene zur Vertiefung der Trance

Hypnotische Phänomene sind besondere Erscheinungen, die im Zustand der Trance auftreten können. Sie helfen nicht nur, die Trance zu vertiefen, sondern sind auch ein Zeichen dafür, dass der Hypnotisand tiefer in den hypnotischen Zustand eintaucht. Im Folgenden stelle ich einige wichtige hypnotische Phänomene vor und erkläre, wie sie gezielt zur Vertiefung der Trance eingesetzt werden können.

1. Katalepsie

Die Katalepsie beschreibt einen Zustand, in dem bestimmte Körperteile wie Arme oder Beine starr werden und sich kaum noch bewegen lassen. Dieses Phänomen wird oft in Hypnosesitzungen genutzt, um die Trance zu vertiefen und den Hypnotisanden in einen Zustand tiefer Entspannung zu führen.

- **Anwendung zur Trancevertiefung**: Der Hypnotiseur kann während der Trance die Suggestion geben: "Dein Arm wird jetzt ganz leicht und steif, als wäre er aus Holz gemacht." Der Hypnotisand erlebt daraufhin, dass sich der Arm unwillkürlich steif anfühlt. Diese Erfahrung verstärkt das Vertrauen des Hypnotisanden in den Prozess und führt ihn tiefer in die Trance, da das bewusste Denken die Kontrolle über die Bewegung loslässt.

2. Ideomotorische Bewegungen

Ideomotorische Bewegungen sind unwillkürliche Bewegungen, die durch Suggestionen ausgelöst werden können. Dazu gehören zum Beispiel das Anheben eines Fingers oder das leichte Zucken einer Hand. Solche Bewegungen geschehen automatisch, ohne bewusst gesteuert zu werden.

- **Anwendung zur Trancevertiefung**: Der Hypnotiseur kann sagen: "Du wirst vielleicht bemerken, dass dein Zeigefinger jetzt von selbst zu zucken beginnt, ohne dass du bewusst etwas dafür tust." Das Wahrnehmen dieser unbewussten Bewegung führt zu einem tiefen Gefühl der Faszination und der inneren Aufmerksamkeit, was die Trance vertieft, da der Hypnotisand realisiert, dass er nicht mehr die bewusste Kontrolle über seinen Körper hat.

3. Schwere- und Leichtigkeitsgefühl

Ein weiteres hypnotisches Phänomen ist das Erleben von Schwere oder Leichtigkeit in bestimmten Körperteilen. Der Hypnotisand kann beispielsweise das Gefühl haben, dass seine Arme sehr schwer oder extrem leicht werden, was zur Vertiefung der Trance beiträgt.

- **Anwendung zur Trancevertiefung**: Der Hypnotiseur kann die Suggestion geben: "Du merkst vielleicht, wie sich dein linker Arm immer leichter anfühlt, fast so, als würde er schweben." Dieses Gefühl der Leichtigkeit entsteht automatisch und verstärkt die Trance, da es den Hypnotisanden in einen Zustand des Loslassens und der Entspannung bringt.

4. Amnesie

Amnesie ist der vorübergehende Verlust bestimmter Erinnerungen oder die Unfähigkeit, sich an bestimmte Dinge zu erinnern. Dieses Phänomen kann genutzt werden, um die Trance zu vertiefen und den Fokus des Hypnotisanden noch stärker nach innen zu richten.

- **Anwendung zur Trancevertiefung**: Der Hypnotiseur kann vorschlagen: "Du wirst vielleicht feststellen, dass du dich nicht mehr daran erinnern kannst, welche Farbe die Wände dieses Raumes haben." Das bewusste Denken wird auf diese Weise beschäftigt, während das Unterbewusstsein die Führung übernimmt und der Hypnotisand tiefer in die Trance geht.

5. Dissoziation

Dissoziation beschreibt das Gefühl, von der eigenen Umgebung oder vom eigenen Körper getrennt zu sein, wie zum Beispiel das Empfinden, als würde man ein Ereignis aus der Ferne betrachten oder als wäre man nur ein Beobachter der eigenen Handlung. Dieses Phänomen kann genutzt werden, um den Hypnotisanden weiter in die Trance zu führen, da es ein starkes Gefühl des Loslassens erzeugt.

- **Anwendung zur Trancevertiefung**: Der Hypnotiseur kann dem Hypnotisanden suggerieren: "Vielleicht hast du das Gefühl, dass dein Körper ganz schwer ist, während dein Geist leicht und frei wird, als würde er schweben." Diese Trennung von Geist und Körper ermöglicht es dem Hypnotisanden, sich noch tiefer auf die Suggestionen einzulassen, da das bewusste Denken zurücktritt.

Zusammenfassung

Die Vertiefung der Trance ist ein entscheidender Schritt, um die Effektivität der Hypnose zu steigern. Je tiefer die Trance, desto empfänglicher ist das Unterbewusstsein für Suggestionen und desto nachhaltiger können Veränderungen erzielt werden. Hypnotische Phänomene sind nicht nur Zeichen dafür, dass der Hypnotisand in eine tiefere Trance gleitet, sondern sie bieten auch eine wertvolle Möglichkeit, diesen Zustand weiter zu vertiefen und die Hypnose zu einem wirksamen Werkzeug zur Veränderung zu machen.

Der gezielte Einsatz von Phänomenen wie Katalepsie, ideomotorischen Bewegungen, Schwere- und Leichtigkeitsgefühlen, Amnesie und Dissoziation unterstützt die Vertiefung der Trance und erhöht die Effektivität der Suggestionen. Durch die Anwendung dieser Techniken wird das Unterbewusstsein zugänglicher, und der Hypnotisand kann tiefere Ebenen der Entspannung und des Loslassens erreichen, die für eine nachhaltige Veränderung erforderlich sind. Eine tiefere Trance bedeutet, dass das bewusste Denken ausgeschaltet wird, was die Effektivität der hypnotischen Arbeit weiter maximiert und eine dauerhafte Veränderung erleichtert.

Zusammenfassend lässt sich sagen, dass die Trancevertiefung ein wesentlicher Bestandteil jeder erfolgreichen Hypnosesitzung ist. Sie sorgt dafür, dass der Hypnotisand in einen Zustand gelangt, in dem Suggestionen tief verankert werden können, und sie ermöglicht es dem Unterbewusstsein, aktiv an der gewünschten Veränderung zu arbeiten. Hypnotische Phänomene sind dabei hilfreiche Werkzeuge, um diesen Zustand zu erreichen und zu festigen. Die Kombination aus einer tiefen Trance und gezielten Suggestionen führt zu einer effektiveren und nachhaltigeren hypnotischen Erfahrung, die positive Veränderungen unterstützt und langfristige Ergebnisse ermöglicht.

9. Traumata und psychische Störungen im Kontext der Hypnose

Einleitung

Nachdem wir die grundlegenden Techniken der Trance-Induktion und -Vertiefung behandelt haben, wenden wir uns nun einem Thema zu, das bei der Anwendung von Hypnose nicht nur Chancen, sondern auch erhebliche Risiken birgt: den psychischen Störungen und Traumata. Dieser "Exkurs" ist notwendig, um Hypnose sicher und verantwortungsvoll einzusetzen und die Risiken intensiver hypnotischer Interventionen wie der Rückführung besser einordnen zu können. Das gewonnene Wissen wird uns helfen, die praktischen Anwendungen der Hypnose sicher zu verstehen und anzuwenden. Wir wollen sicherstellen, dass die Hypnose so genutzt wird, dass sowohl die Chancen als auch die Risiken sorgfältig abgewogen werden. Dabei geht es nicht nur um die technischen Fähigkeiten, sondern auch um das nötige Feingefühl im Umgang mit vulnerablen Menschen, die möglicherweise bereits viel Leid erlebt haben. Die Komplexität des menschlichen Unterbewusstseins und die Art und Weise, wie es auf Hypnose reagiert, erfordert daher ein fundiertes Verständnis sowohl der Technik als auch der ethischen Verantwortung, die damit einhergeht. Dies ist besonders relevant, wenn wir mit Menschen arbeiten, die psychische Traumata erlebt haben, da das Risiko der Retraumatisierung immer präsent ist.

Was ist ein Trauma?

Ein Trauma ist eine schwere seelische Verletzung, die durch ein extrem belastendes Ereignis verursacht wird. Solche Erlebnisse können sehr unterschiedlich sein – von körperlicher oder seelischer Gewalt über Unfälle bis hin zu Naturkatastrophen. Traumata zeichnen sich dadurch aus, dass sie die Bewältigungsmöglichkeiten des

Betroffenen überfordern und eine intensive, oft langanhaltende emotionale Reaktion auslösen. Viele Menschen schaffen es, traumatische Erlebnisse zu verarbeiten, doch bei manchen bleibt das Trauma im Unterbewusstsein bestehen und beeinflusst ihr Leben auf vielfältige Weise.

Ein Trauma kann die Lebensqualität erheblich beeinträchtigen, besonders wenn es unbehandelt bleibt. Die Betroffenen können Gefühle von Hilflosigkeit, Angst und Wut erleben, die sich in verschiedenen Lebensbereichen negativ auswirken. Diese Gefühle können oft ohne erkennbare Ursache wieder auftauchen und intensive emotionale Reaktionen auslösen. Besonders problematisch ist es, wenn diese emotionalen Reaktionen nicht verstanden oder kontrolliert werden können, da sie oft plötzlich und ohne Vorwarnung auftreten. Hier ist es wichtig, Verständnis für die Mechanismen zu entwickeln, die hinter diesen Prozessen stehen, und entsprechende therapeutische Unterstützung zu bieten, um langfristige Heilung zu ermöglichen.

Traumata haben oft tiefreichende Auswirkungen auf das gesamte Leben einer Person. Es kann sein, dass sich die Betroffenen in ihren sozialen Beziehungen zurückziehen oder dass sie Schwierigkeiten haben, Vertrauen aufzubauen. Sie erleben möglicherweise wiederkehrende Albträume oder flashbackartige Zustände, in denen sie die traumatischen Ereignisse erneut durchleben. Diese Symptome können das tägliche Leben erheblich beeinträchtigen und dazu führen, dass sich die Betroffenen isoliert und unverstanden fühlen. Die Auswirkungen eines Traumas beschränken sich nicht nur auf das psychische Wohlbefinden, sondern können auch körperliche Symptome wie Schlafstörungen, chronische Schmerzen und eine erhöhte Stressanfälligkeit hervorrufen. Daher ist eine umfassende therapeutische Unterstützung von entscheidender Bedeutung.

Nicht verarbeitete Traumata führen häufig zu Verdrängung von bestimmten Erinnerungen oder Gefühlen. Diese Verdrängung ist eine Schutzfunktion des Unterbewusstseins, um das Individuum vor überwältigenden Emotionen zu bewahren. Diese Erinnerungen können jedoch plötzlich wieder auftauchen, ausgelöst durch sogenannte Trigger – Reize, die das Trauma wieder in Erinnerung rufen. Trigger können visuelle, auditive oder sogar olfaktorische Reize sein, die das Unterbewusstsein unmittelbar an das ursprüngliche traumatische Ereignis erinnern. Ein Trauma ist daher nicht einfach nur eine Erinnerung, sondern eine emotionale "Narbe", die auch ohne bewusstes Erinnern in das Leben eingreift und immer wieder Schmerzen verursacht. Die Arbeit mit diesen tief verankerten Narben des Unterbewusstseins erfordert besondere Sorgfalt und Einfühlungsvermögen, da eine unsachgemäße Konfrontation mit dem Trauma oft mehr Schaden anrichten kann als Nutzen bringt.

Viele Traumata hinterlassen tiefgreifende Spuren im Unterbewusstsein, die sich in Form von posttraumatischen Belastungsstörungen (PTBS), Ängsten oder Depressionen äußern können. Das Unterbewusstsein ist der Ort, an dem diese traumatischen Erfahrungen oft "versteckt" werden, damit das bewusste Denken mit dem Alltag zurechtkommt. Hypnose bietet die Möglichkeit, in dieses Unterbewusstsein vorzudringen – eine Chance, die jedoch auch Risiken birgt.

Traumafolgestörungen können sehr unterschiedlich ausgeprägt sein. PTBS ist eine der häufigsten Störungen, die in Zusammenhang mit unverarbeiteten Traumata steht. Sie äußert sich durch Flashbacks, Vermeidungsverhalten und eine erhöhte Reizbarkeit. Betroffene erleben die traumatischen Ereignisse oft wieder, als würden sie in der Gegenwart geschehen. Solche Symptome führen nicht selten zu sozialem Rückzug und der Unfähigkeit, den Alltag normal zu bewältigen. Auch Depressionen und Angstzustände können als Folge eines Traumas auftreten, wobei diese oft mit Gefühlen von Hoffnungslosigkeit und anhaltender Traurigkeit einhergehen. Hypnose kann bei der Behandlung solcher Störungen eine wichtige Rolle spielen, muss jedoch mit größter Vorsicht eingesetzt werden, da das Aufbrechen dieser "versteckten" Erinnerungen erhebliche emotionale Auswirkungen haben kann.

Durch Hypnose können verdrängte Erinnerungen wieder zugänglich gemacht werden. Dies kann einerseits hilfreich sein, weil es ermöglicht, sich den verdrängten Gefühlen zu stellen und sie zu verarbeiten. Andererseits besteht die Gefahr einer Retraumatisierung – einer erneuten emotionalen Überwältigung, die das Trauma vertiefen oder verschlimmern kann. Daher sollte Hypnose zur Traumabearbeitung nur von Fachleuten mit ausreichender Erfahrung und Kenntnis der psychischen Dynamiken angewendet werden. Diese Fachleute müssen in der Lage sein, den Prozess der Rückerinnerung so zu steuern, dass der Hypnotisand nicht überwältigt wird, sondern Schritt für Schritt an die Verarbeitung herangeführt wird. Es ist entscheidend, dass der Patient sich sicher fühlt und jederzeit die Kontrolle über den Prozess behält.

Die Rolle des Unterbewusstseins bei der Bewältigung von Traumata kann nicht genug betont werden. Es ist der Bereich, in dem die meisten emotionalen Verletzungen gespeichert werden, und es steuert viele der Reaktionen, die Menschen auf bestimmte Auslöser zeigen. Hypnose ist eines der wenigen Werkzeuge, das direkten Zugang zu diesem Teil des Geistes bietet, und deshalb ist es so wichtig, dieses Werkzeug verantwortungsvoll zu nutzen. Bei unsachgemäßer Anwendung kann Hypnose dazu führen, dass ein Patient mit überwältigenden Emotionen konfrontiert wird, für die er nicht vorbereitet ist, was zu einer Verschlechterung des psychischen Zustands führen kann. Die therapeutische Verantwortung, die hiermit einhergeht, ist daher immens.

Die Wirkung der Hypnose auf traumatisierte Menschen

Bei der Hypnose von Menschen mit unbewussten Traumata können verdrängte Erinnerungen oder Emotionen plötzlich in den Vordergrund treten. Das Unterbewusstsein wird in der Trance empfänglicher für Suggestionen, aber auch empfindlicher gegenüber alten Verletzungen. Hypnotische Techniken können in der Psychotherapie genutzt werden, um traumatisierte Menschen in geschützter Umgebung bei der Bearbeitung belastender Erinnerungen zu unterstützen. Dabei ist es jedoch entscheidend, eine sichere Umgebung zu schaffen, um eine Überwältigung des Hypnotisanden zu verhindern.

Ein wichtiger Aspekt dabei ist die Schaffung eines vertrauensvollen Verhältnisses zwischen Therapeut und Patient. Der Patient muss die Gewissheit haben, dass er in einem geschützten Raum ist, in dem er seine Gefühle zulassen darf, ohne bewertet oder verurteilt zu werden. Dazu gehört auch, dass der Therapeut die Grenzen des Patienten respektiert und ihm stets die Möglichkeit gibt, den Prozess zu unterbrechen, wenn es zu viel wird. Es ist ratsam, den Patienten schrittweise an belastende Erinnerungen heranzuführen und ihn dabei zu unterstützen, mit seinen Gefühlen umzugehen, ohne dass diese ihn überwältigen.

Eine Methode, die oft verwendet wird, ist die Einführung eines sicheren Ortes, an den sich der Patient mental zurückziehen kann, wenn die Erinnerungen zu belastend werden. Dieser innere Rückzugsort wird während der Hypnose gemeinsam mit dem Patienten geschaffen und dient als Schutzmechanismus, der ihm das Gefühl von Kontrolle gibt. Diese Technik ist besonders wirksam, weil sie dem Patienten ermöglicht, selbst zu entscheiden, wann er bereit ist, weiter in die Erinnerungen einzutauchen und wann er eine Pause benötigt. Solche Schutzmechanismen sind entscheidend, um sicherzustellen, dass der Prozess der Traumabearbeitung nicht mehr Schaden anrichtet als Nutzen bringt.

Milton Erickson, einer der bekanntesten Hypnosetherapeuten, betonte stets, dass das Unterbewusstsein nicht "forciert" geöffnet werden sollte. Der Zugang zu tief verborgenen Erinnerungen muss mit großer Sorgfalt und unter Berücksichtigung der Schutzmechanismen des Unterbewusstseins erfolgen. Ericksons Ansatz basiert auf dem Verständnis, dass das Unterbewusstsein selbst entscheidet, wann es bereit ist, bestimmte Erinnerungen freizugeben. Der Therapeut sollte daher nicht versuchen, diesen Prozess zu beschleunigen, sondern vielmehr darauf vertrauen, dass das Unterbewusstsein den richtigen Zeitpunkt kennt. Dieses Vertrauen in die innere Weisheit des Patienten ist zentral für eine sichere und wirksame Hypnosetherapie.

Risiken der Hypnose bei Traumatisierten und der verantwortungsvolle Umgang

Ein großes Risiko der Hypnose bei Menschen mit latenten oder bekannten psychischen Störungen ist die mögliche Reaktivierung alter Traumata. Dies kann zu einer Verschlechterung des psychischen Zustands führen. Der Hypnotiseur muss daher sicherstellen, dass er die Vorgeschichte des Hypnotisanden kennt und erkennt, wann Hypnose nicht angebracht ist oder nur in Zusammenarbeit mit einem psychologischen Fachmann durchgeführt werden sollte.

Retraumatisierung ist das größte Risiko: Wenn eine Person durch Hypnose plötzlich wieder mit verdrängten, schmerzhaften Erinnerungen konfrontiert wird, ohne darauf vorbereitet zu sein oder die notwendige Unterstützung zu haben, kann dies verheerende Folgen haben. Daher ist es essentiell, die Grenzen der Hypnose zu kennen und verantwortungsvoll mit ihr umzugehen. Konkrete Maßnahmen zur Vermeidung einer Retraumatisierung sind etwa die Schaffung einer sicheren Umgebung, das Einführen von Schutzmechanismen wie 'sicheren Orten' während der Trance und die enge Begleitung durch einen erfahrenen Therapeuten. Darüber hinaus ist es wichtig, im Vorfeld klare Absprachen mit dem Patienten zu treffen, um sicherzustellen, dass er jederzeit die Möglichkeit hat, den Prozess abzubrechen, wenn er sich unsicher fühlt. Das Vertrauen des Patienten in den Therapeuten ist hierbei von zentraler Bedeutung, denn nur so kann eine echte therapeutische Beziehung entstehen, die die Grundlage für eine erfolgreiche Behandlung bildet.

Ein weiterer wichtiger Punkt ist die Vorbereitung des Patienten auf mögliche Emotionen, die während der Hypnose aufkommen können. Es sollte vorab besprochen werden, welche Strategien angewendet werden können, um mit überwältigenden Gefühlen umzugehen. Dazu gehört beispielsweise die Einführung von Atemtechniken oder anderen Entspannungsübungen, die dem Patienten helfen, sich zu beruhigen. Eine strukturierte Nachbesprechung nach jeder Hypnosesitzung ist ebenfalls essentiell, um die Erfahrungen zu verarbeiten und sicherzustellen, dass der Patient sich stabil fühlt, bevor er die Sitzung verlässt.

In der Psychotherapie kann Hypnose eine wertvolle Hilfe sein. Sie kann genutzt werden, um Patienten in einem sicheren Umfeld bei der Bearbeitung belastender Erinnerungen zu unterstützen. Häufig werden Techniken eingesetzt, die den Patienten in der Trance in eine sichere innere Umgebung führen, von der aus er die traumatischen Erinnerungen betrachten kann, ohne von ihnen überwältigt zu werden. Solche Ansätze ermöglichen es, traumatische Erinnerungen zu bearbeiten, ohne den Patienten erneut zu traumatisieren.

Hypnose kann helfen, neue Verknüpfungen im Gehirn zu schaffen, sodass alte Erinnerungen nicht mehr mit überwältigenden Emotionen verbunden sind. Dies geschieht beispielsweise durch die Neubewertung der belastenden Erinnerungen in der Trance, wodurch diese neu im Gehirn verankert werden und weniger emotional belastend wirken. Diese Technik wird oft verwendet, um dissoziative Zustände aufzulösen, bei denen traumatisierte Menschen bestimmte Erlebnisse "abgespalten" haben. Dissoziation ist ein Schutzmechanismus des Geistes, um besonders belastende Ereignisse nicht vollends erleben zu müssen. Mit der Hypnose kann der Patient langsam wieder Zugang zu diesen abgespaltenen Erinnerungen bekommen, um sie in einem geschützten Umfeld neu zu bewerten und zu integrieren.

Ein weiteres Ziel der Hypnosetherapie ist es, positive Ressourcen zu aktivieren. Der Patient wird in der Trance ermutigt, sich an Situationen zu erinnern, in denen er sich stark, sicher oder glücklich gefühlt hat. Diese positiven Erinnerungen können dann genutzt werden, um die belastenden Erinnerungen zu überlagern oder zumindest in einem neuen, positiveren Kontext zu betrachten. Dieser Prozess trägt dazu bei, dass der Patient eine neue Sichtweise auf das traumatische Ereignis entwickelt und es als Teil seiner Vergangenheit akzeptieren kann, ohne dass es sein gegenwärtiges Leben weiterhin negativ beeinflusst.

Hypnose ermöglicht es auch, alternative Perspektiven auf traumatische Ereignisse zu entwickeln. In der Trance kann der Patient angeleitet werden, das traumatische Erlebnis aus einer anderen, weniger schmerzhaften Perspektive zu betrachten. Dies kann helfen, Schuldgefühle oder Scham, die oft mit traumatischen Erlebnissen verbunden sind, zu reduzieren. Indem der Patient lernt, das Ereignis mit mehr Abstand zu betrachten, kann er die emotionalen Auswirkungen besser verarbeiten und hinter sich lassen.

Nachdem wir uns nun intensiv mit der Entstehung und Wirkung von Traumata sowie den Risiken der Hypnose bei psychischen Störungen auseinandergesetzt haben, sind wir nun besser darauf vorbereitet. Jetzt können wir die spezifischen Anwendungen der Hypnose genauer betrachten. Dieses Wissen hilft uns, die notwendigen Sicherheitsvorkehrungen zu treffen und zu verstehen, wann Hypnose hilfreich ist und wann sie besser vermieden werden sollte. Es ist essenziell, dass wir die Hypnose als ein Werkzeug betrachten, das sowohl heilsam als auch gefährlich sein kann, je nachdem, wie es eingesetzt wird. Die Verantwortung des Therapeuten ist daher immens.

10. Der Prozess der Rückführung

Die Rückführung ist eine der faszinierendsten Anwendungen der Hypnose, da sie es ermöglicht, in vergangene Erinnerungen einzutauchen und verborgene Erlebnisse wieder sichtbar zu machen. Dieser Prozess folgt unmittelbar nach der Vertiefung der Trance, wenn der Hypnotisand bereits in einem tief entspannten Zustand ist und das Unterbewusstsein zugänglich ist. In diesem Kapitel werde ich eine Rückführung als eine visuelle Imagination beschreiben, Schritt für Schritt, mit den entsprechenden Suggestionen, die den Hypnotisanden durch den Prozess führen.

Einleitung: Der Unterschied zwischen bewusstem Erinnern und unbewusster Rückführung

Beim bewussten Erinnern im wachen Zustand ruft der Verstand gezielt Informationen ab, die für ihn leicht zugänglich sind. Dabei ist unser Alltagsbewusstsein gefärbt von rationalen Gedanken, inneren Bewertungen und Ablenkungen, die oft verhindern, dass tiefere, unbewusste Erinnerungen an die Oberfläche gelangen. Wir erinnern uns meist nur an das, was in unserem unmittelbaren Gedächtnis verankert ist oder eine besonders starke emotionale Prägung hat. Es gibt jedoch viele Erinnerungen, die nicht im bewussten Gedächtnis gespeichert sind und auf die wir ohne spezielle Techniken keinen bewussten Zugriff haben.

In der Trance hingegen, wenn das Bewusstsein in den Hintergrund tritt und das Unterbewusstsein zugänglich wird, können Erinnerungen auftauchen, die dem Alltagsbewusstsein verborgen bleiben. Der hypnotische Zustand ermöglicht eine Art "Umgehung" des kritischen, bewertenden Verstands. Das Unterbewusstsein kann in der Trance unwillentlich auf Erinnerungen zugreifen und diese durch assoziative

Prozesse in Form von Bildern, Gefühlen oder Sinneseindrücken hervorbringen, die sonst verschlossen bleiben. Dieser unbewusste Prozess ist oft viel fließender und weniger von bewussten Filtern und Bewertungen geprägt. Das Unterbewusstsein hat die Fähigkeit, Assoziationen zu bilden, die dem bewussten Verstand verborgen bleiben, und ist dabei besonders empfänglich für Suggestionen und imaginative Bilder, die tief in die innere Erlebniswelt vordringen können.

Einleitung in die Rückführung

Die Rückführung beginnt, nachdem die Trance vertieft wurde und der Hypnotisand in einem Zustand ist, in dem sein bewusstes Denken zur Ruhe gekommen ist. In diesem Zustand kann das Unterbewusstsein tiefer erforscht werden, und es werden Bilder und Erinnerungen zugänglich, die normalerweise verborgen sind. Die Visualisierung, die der Hypnotiseur während der Rückführung anleitet, hilft dem Hypnotisanden, sich sicher und kontrolliert auf diese Reise zu begeben. Es ist wichtig, dass der Hypnotisand das Gefühl hat, behutsam in die Tiefen seines Unterbewusstseins geleitet zu werden, ohne dabei die Kontrolle zu verlieren.

Die Trance ermöglicht es dem Hypnotisanden, sich auf eine Art und Weise zu entspannen, die im Alltag schwer zu erreichen ist. Das bewusste Denken, das oft von Sorgen, Urteilen und rationalen Überlegungen geprägt ist, tritt in den Hintergrund und macht Platz für das Unterbewusstsein, das wie ein Archiv fungiert. Dieses Archiv enthält nicht nur Erinnerungen, sondern auch tiefere Schichten emotionaler Erfahrungen, die oft von bewussten Blockaden überlagert sind.

Visuelle Imagination: Das Haus der Erinnerungen

Die Technik der visuellen Imagination, wie sie im Kontext der Rückführung angewendet wird, dient als Brücke zum Unterbewusstsein. Während der Hypnotiseur den Hypnotisanden dazu auffordert, sich ein Haus der Erinnerungen vorzustellen, wird eine mächtige Metapher geschaffen, die dem Unterbewusstsein eine vertraute Struktur gibt, um verborgene Erinnerungen auf sichere Weise zugänglich zu machen. Diese Technik nutzt die Fähigkeit des Unterbewusstseins, komplexe Erfahrungen in symbolischer Form darzustellen, was den Zugang zu tieferen Schichten erleichtert.

Der Hypnotiseur führt mit folgenden Worten:

"Stelle dir vor, dass du dich in einem Haus befindest, einem ganz besonderen Haus – dem Haus deiner Erinnerungen. Es ist ein großes, einladendes Haus, und du stehst gerade in einem langen Korridor. Dieser Korridor erstreckt sich vor dir, und zu beiden Seiten siehst du viele Türen. Jede Tür hat ein kleines Fenster, durch das du einen Umriss erkennen kannst, aber keine Details. Diese Umrisse zeigen dir Erinnerungen, die für dich angenehm sind und die dein Leben auf eine besondere Weise geprägt haben."

Diese Metapher des Hauses der Erinnerungen ist kraftvoll, da sie eine Struktur bietet, die sowohl vertraut als auch sicher ist. Der Korridor und die Türen repräsentieren die verschiedenen Schichten und Facetten der Erinnerung, während die Fenster den ersten Blick auf das Vergangene ermöglichen, ohne dass der Hypnotisand sich sofort damit konfrontiert sieht. Dies schafft eine Atmosphäre von Kontrolle und Sicherheit, die es dem Unterbewusstsein erleichtert, sich zu öffnen.

Der Zugriff des Unterbewusstseins auf Erinnerungen

In der hypnotischen Trance fühlt sich das Erleben dieser Imagination äußerst real an. Anders als im Wachzustand, in dem der bewusste Verstand Informationen logisch zu analysieren versucht, ist der Hypnotisand nun in der Lage, auf seine inneren Bilder zuzugreifen, ohne dabei kritisch oder bewertend zu sein. Das Unterbewusstsein ist dabei wie ein Archiv, das Erinnerungen abruft, oft basierend auf emotionaler Bedeutung oder einer bestimmten Assoziation, die durch den Korridor und die Türen angeregt wird. Die Türen sind eine Metapher für die verschiedenen Erinnerungen, die durch das Unterbewusstsein bereitgestellt werden.

Der Hypnotiseur sagt weiter:

"Du stehst nun vor diesen vielen Türen und beginnst, den Korridor entlangzugehen. Während du gehst, spürst du, wie du immer tiefer in deine eigene Vergangenheit eintauchst. Jede Tür, die du siehst, hat eine eigene Bedeutung. Du kannst durch das kleine Fenster nur den Umriss der Erinnerung erkennen, und du wirst wissen, welche Tür du öffnen möchtest und welche nicht."

Das Unterbewusstsein reagiert auf diese sanften Suggestionen, indem es Erinnerungen hervorholt, die oft seit Jahren verborgen sind. Durch die Trance wird das bewusste Denken so weit reduziert, dass der Zugang zu tieferen Erinnerungen leichter wird. Der Hypnotisand erlebt die Imagination so, als würde er tatsächlich den Korridor entlanggehen, und diese Erfahrung wird von den eigenen inneren Bildern und Gefühlen gesteuert.

Die Technik der visuellen Imagination schafft ein Gefühl von Kontrolle und Sicherheit, wodurch das unwillkürliche Auftauchen von Erinnerungen erleichtert wird. Anders als im wachen Zustand, in dem der Verstand oft nur das hervorholt, was offensichtlich oder naheliegend ist, erlaubt die Trance den spontanen, unbewussten Prozess. Der Hypnotisand muss nicht gezielt suchen, sondern wird von seinem Unterbewusstsein geleitet. Dieses unwillkürliche Hervorbringen von Bildern ist oft weit umfassender und tiefgreifender, da das Unterbewusstsein nicht durch bewusste Bedenken oder Blockaden eingeschränkt ist.

Die visuelle Imagination fungiert dabei als Leitfaden, der dem Hypnotisanden ermöglicht, eine sichere und sanfte Reise in sein Inneres zu unternehmen. Es ist ein Weg, das Unterbewusstsein zu strukturieren und ihm eine Form zu geben, die das Erkunden der Erinnerungen erleichtert. Im Gegensatz zum bewussten Erinnern, das oft nur an der Oberfläche kratzt, ermöglicht die hypnotische Trance eine tiefere Erforschung, bei der auch komplexe emotionale Erlebnisse wiedererlebt und verarbeitet werden können.

Hypnotiseur: "Stell dir vor, wie du die Tür langsam öffnest und vorsichtig hindurchtrittst. Dahinter findest du eine Erinnerung – eine positive, besondere Erinnerung, die Teil deines Lebens ist."

Das Öffnen der Tür ist ein bedeutender Schritt, da es das bewusste Einlassen auf eine bestimmte Erinnerung symbolisiert. Der Hypnotisand kann diese Erinnerung in ihrem ganzen Umfang erleben, inklusive der Farben, Geräusche und Gefühle, die damit verbunden sind. Dies verstärkt die emotionale Tiefe der Rückführung und hilft, die Erinnerung nicht nur kognitiv, sondern auch auf einer sinnlichen Ebene zu erleben.

Während der gesamten Rückführung ist es von besonderer Bedeutung, dem Hypnotisanden das Gefühl von Kontrolle und Sicherheit zu vermitteln. Der Hypnotisand soll stets das Gefühl haben, dass er selbst entscheidet, welche Türen er öffnet und wie tief er in die jeweilige Erinnerung eintaucht. Dies ist besonders wichtig, um eine Überforderung zu vermeiden und sicherzustellen, dass die Rückführung ein positives und nützliches Erlebnis bleibt. Das Unterbewusstsein wird hierbei als sanfter Führer gesehen, der genau weiß, welche Erinnerungen bereit sind, wiederentdeckt zu werden.

Die Fähigkeit, das Tempo selbst zu bestimmen, sorgt dafür, dass der Hypnotisand jederzeit die Kontrolle behält. Wenn eine Erinnerung zu intensiv wird oder unangenehme Gefühle hervorruft, kann der Hypnotisand entscheiden, die Tür zu schließen und weiterzugehen. Diese Selbstbestimmung ist wesentlich für die Integrität und das Wohlbefinden des Hypnotisanden, da sie ihm erlaubt, auf seine eigenen Bedürfnisse zu hören und die Erfahrung nach seinen eigenen Maßstäben zu gestalten.

Zusammenfassung des Prozesses

Der Prozess der Rückführung ist ein mächtiges Werkzeug, um in die Vergangenheit einzutauchen und alte Erinnerungen wieder aufleben zu lassen. Die visuelle Imagination eines Hauses der Erinnerungen hilft dabei, die Kontrolle zu behalten und den Hypnotisanden sanft zu führen. Durch die genaue Anleitung des Hypnotiseurs kann der Hypnotisand sicher und schrittweise seine Erinnerungen erkunden, während die Suggestionen dafür sorgen, dass die Trance vertieft wird und der Hypnotisand vollständig in seine eigene innere Welt eintauchen kann. In der Trance wird deutlich, dass das unbewusste Erinnern einen intuitiven und oft tiefgreifenderen Zugang zu den eigenen Erlebnissen ermöglicht als das bewusste Erinnern im wachen Zustand.

Die Rückführung bietet die Möglichkeit, nicht nur Erinnerungen zu erleben, sondern auch emotionale Verknüpfungen zu verändern. Positive Suggestionen können verwendet werden, um belastende Erfahrungen neu zu bewerten und in einem anderen Licht zu sehen, was dem Hypnotisanden helfen kann, emotionale Blockaden zu lösen und sich freier zu fühlen. In diesem Zustand der tiefen Entspannung wird das Unbewusste besonders empfänglich für neue Perspektiven und Einsichten, die im wachen Zustand oft schwer zugänglich sind.

In den nächsten Kapiteln werden wir uns mit spezifischen Anwendungen der Hypnose beschäftigen, wie zum Beispiel der Raucherentwöhnung, und erklären, wie Suggestionen so aufgebaut werden, dass sie Veränderungen im Verhalten nachhaltig unterstützen können.

11. Raucherentwöhnung durch Hypnose

Rauchen ist für viele Menschen nicht nur eine Gewohnheit, sondern auch eine starke psychische und körperliche Abhängigkeit, die durch eine Vielzahl von Faktoren verstärkt wird. In diesem Kapitel widmen wir uns dem Prozess, der zu einer

Sucht führt, und zeigen, wie Hypnose zur Raucherentwöhnung genutzt werden kann. Wir werden untersuchen, wie Suggestionen entwickelt werden können, die die Motivation hinter dem Rauchen umleiten, sodass die Abhängigkeit durch positive und gesündere Verhaltensweisen ersetzt wird.

Der Prozess, der zur Sucht führt

Eine Sucht entsteht oft durch eine Kombination aus körperlicher Abhängigkeit und psychischer Motivation. Im Fall des Rauchens beginnt der Prozess meist durch Neugier oder sozialen Druck – Menschen probieren ihre erste Zigarette aus, um dazuzugehören oder eine bestimmte Neugier zu befriedigen. Schon beim ersten Rauchen werden verschiedene Gefühle und Empfindungen ausgelöst, die als positiv erlebt werden können: Entspannung, ein Gefühl der Zugehörigkeit, eine gesteigerte Konzentration oder einfach das "Erwachsen-sein-Gefühl". Diese ersten Erfahrungen prägen das Unterbewusstsein und sind der Beginn einer künftigen Abhängigkeit.

Im Laufe der Zeit verknüpft das Gehirn diese Gefühle und Belohnungen mit der Handlung des Rauchens. Stress, Langeweile, soziale Situationen oder auch bestimmte Orte und Handlungen können zum Trigger werden, die das Verlangen nach einer Zigarette auslösen. Das Unterbewusstsein lernt, dass das Rauchen eine mögliche Lösung für negative Gefühle ist, und entwickelt ein Belohnungssystem, das diese Handlung verstärkt. Die körperliche Abhängigkeit von Nikotin verstärkt den Kreislauf der Sucht weiter, aber das eigentliche motivationale Verlangen ist oft tiefer im Unterbewusstsein verankert.

Der Einsatz von Hypnose zur Raucherentwöhnung

Um die Motivation hinter dem Rauchen zu verstehen und zu verändern, kann die Hypnose verschiedene Ansätze nutzen. Ein möglicher Ansatz ist eine gezielte Rückführung in die ersten Rauchererfahrungen, um den Hypnotisanden in eine tiefe Trance zu führen. Dabei geht es darum, die frühesten Erinnerungen an das Rauchen bewusst zu machen. Diese Methode hilft, die Gefühle und Bedürfnisse zu identifizieren, die damals befriedigt wurden. Es ist jedoch wichtig zu betonen, dass dies nur ein Beispiel von vielen möglichen Ansätzen ist. Die folgende Beschreibung soll den Prozess der Hypnose-Intervention verdeutlichen und veranschaulichen, wie eine Hypnose-Sitzung zur Bearbeitung von Rauchergewohnheiten funktionieren könnte.

Hypnotiseur: "Stelle dir vor, du gehst in deiner Erinnerung zurück, zu einem Zeitpunkt, an dem du deine erste Zigarette geraucht hast. Vielleicht kannst du dich an den Ort erinnern, an die Menschen um dich herum, und an die Gefühle, die du damals hattest. Was hat dir diese Erfahrung gegeben? War es das Gefühl, dazugehören zu wollen? War es eine Neugier, etwas Neues zu erleben? Oder vielleicht ein Gefühl von Freiheit oder Rebellion?"

Erklärung: Durch diese Art der Rückführung wird das Unterbewusstsein auf die ursprüngliche Motivation hinter dem Rauchen aufmerksam gemacht. Diese erste Erfahrung spielt eine wichtige Rolle, denn das Unterbewusstsein hat die Zigarette mit bestimmten Gefühlen verknüpft, die in diesem Moment positiv erlebt wurden.

Umleiten der Motivation

Sobald die ursprüngliche Motivation erkannt wurde, kann der Hypnotiseur beginnen, Suggestionen zu entwickeln, die diese Gefühle in eine positive und gesunde Richtung lenken.

Hypnotiseur: "Jetzt, da du verstanden hast, was dir diese erste Zigarette gegeben hat, kannst du dir vorstellen, dass es noch viele andere, gesunde Möglichkeiten gibt, diese Gefühle zu erreichen. Vielleicht gibt es Wege, dich frei und lebendig zu fühlen, ohne Rauchen. Stell dir vor, wie du diese Gefühle durch andere Dinge erleben kannst: durch tiefes, entspanntes Atmen, durch Bewegung, durch das Erleben der Natur oder einfach dadurch, dass du stolz darauf bist, gesund zu sein."

Erklärung: Hier wird das Prinzip der Umleitung angewendet. Statt die Motivation des Rauchens zu negieren, werden neue positive Alternativen angeboten, die das ursprüngliche Bedürfnis befriedigen können. Diese Suggestionen sollen dem Hypnotisanden dabei helfen, neue Verknüpfungen im Gehirn zu schaffen, sodass die alten Muster durch neue, gesündere Verhaltensweisen ersetzt werden.

Hypnotiseur: "Stelle dir vor, wie du in Zukunft in Situationen, in denen du früher geraucht hast, stattdessen tief durchatmest und ein Gefühl von Klarheit und Frische spürst. Wie du in diesen Momenten spürst, dass du dich für deine Gesundheit und dein Wohlbefinden entscheidest, und wie dir dieses Gefühl der Kontrolle und Selbstachtung Kraft gibt."

Erklärung: Diese Suggestion nutzt die Visualisierung, um das Verhalten in typischen Trigger-Situationen zu verändern. Es wird dem Hypnotisanden eine klare Vorstellung davon gegeben, wie er auf andere Weise auf die gewohnten Auslöser reagieren kann. Hier wird eine neue, positive Assoziation geschaffen, die das ursprüngliche Bedürfnis befriedigt, ohne dass eine Zigarette dafür notwendig ist.

Zusammenfassung der Methode

Die Hypnose zur Raucherentwöhnung ist kein einfacher Prozess der "Entwöhnung" – sie geht tiefer, indem sie die ursprüngliche Motivation des Rauchens erkennt und umleitet. Indem der Hypnotisand zurückgeführt wird zu den ersten Erfahrungen, wird eine Grundlage geschaffen, um die Sucht zu verstehen und die damit verbundenen Bedürfnisse auf eine positive Art zu befriedigen.

Dieser Ansatz ist besonders kraftvoll, weil er nicht nur darauf abzielt, das Rauchen zu beenden, sondern dem Hypnotisanden hilft, eine positive Einstellung gegenüber seiner Gesundheit zu entwickeln und neue, gesunde Verhaltensweisen in sein Leben zu integrieren. Die Verwendung von Visualisierung und gezielten Suggestionen gibt dem Hypnotisanden die Werkzeuge an die Hand, um sein Verhalten nachhaltig zu verändern.

Im nächsten Kapitel werden wir uns mit weiteren spezifischen Anwendungsgebieten der Hypnose beschäftigen und dabei untersuchen, wie Hypnose helfen kann, tiefsitzende Ängste zu überwinden und die eigene Lebensqualität zu verbessern.

12. Überwindung von Ängsten durch Hypnose

Ängste und Phobien können auf verschiedene Arten bearbeitet werden, und Hypnose bietet zahlreiche Ansätze, um den Ursachen von Ängsten auf den Grund zu gehen und diese zu verändern. Während "Ängste" in vielen Situationen eine natürliche Reaktion auf potenzielle Gefahren sind, handelt es sich bei "Phobien" um übersteigerte, oft irrationale Reaktionen auf bestimmte Objekte oder Situationen, die in der Regel keine reale Gefahr darstellen. Phobien gehen oft mit starken Vermeidungsstrategien einher, während Ängste auch subtiler wirken können und nicht immer zu sichtbarem Vermeidungsverhalten führen. Beide können jedoch das Leben eines Menschen stark beeinflussen.

In diesem Kapitel beschreiben wir einen möglichen Ansatz, um mit tief verankerten Ängsten umzugehen. Dieser Ansatz basiert auf der Rückführung zu den Ursprungs-erlebnissen der Angst und dem Umleiten der Schutzmechanismen, die das Unter-bewusstsein entwickelt hat. Es ist wichtig zu betonen, dass dies nur eine Methode ist – es gibt viele weitere Wege, wie Hypnose zur Bewältigung von Ängsten einge-setzt werden kann.

Die hier beschriebenen Beispiele dienen zur **Veranschaulichung** und sollen ein grundlegendes Verständnis davon vermitteln, wie der Prozess der Hypnose funkti-onieren kann. Sie stellen keine vollständige Hypnosesitzung oder Intervention dar, sondern sollen dem Leser helfen zu verstehen, wie die Interaktion mit dem Unter-bewusstsein abläuft.

Die Entwicklung einer Angst: Ein Beispiel aus der Kindheit

Ein häufiger Ursprung von Ängsten liegt in negativen Erfahrungen in der Kindheit. Kinder sind besonders empfänglich für soziale Dynamiken, da es für ihr emotiona-les Wohlbefinden und sogar ihr Überleben entscheidend ist, Teil einer Gruppe zu sein. Diese **Urangst**, ausgeschlossen zu werden, hat tiefe Wurzeln in der menschli-chen Evolution. In frühen Zeiten war das Überleben des Einzelnen eng mit der Zu-gehörigkeit zu einer Gruppe verbunden – das Ausgestoßensein bedeutete Lebens-gefahr. Auch wenn in der modernen Welt das physische Überleben nicht mehr direkt von sozialen Gruppen abhängt, bleibt diese tief verankerte Angst im Unter-bewusstsein bestehen.

Wenn ein Kind in einer Gruppe zurückgewiesen oder verspottet wird, kann dieses Gefühl des Ausschlusses existenzielle Ängste im Unterbewusstsein auslösen. Das Kind entwickelt eine Angst davor, ähnliche Situationen erneut zu erleben, und das Unterbewusstsein arbeitet daran, das Individuum vor solchen Erfahrungen zu schützen.

Diese Schutzmechanismen führen oft zu Vermeidungsmustern: Das Kind beginnt, soziale Situationen zu meiden oder entwickelt Ängste vor Situationen, die mit der ursprünglichen Erfahrung in Verbindung stehen, wie etwa das Sprechen vor einer Gruppe. Diese Muster bleiben im Unterbewusstsein bestehen und beeinflussen das Verhalten auch im Erwachsenenalter.

Hypnose als ein Ansatz zur Bearbeitung von Ängsten

In der Hypnose gibt es viele Wege, mit Ängsten umzugehen. Der Ansatz, den ich hier beschreibe, basiert darauf, die erste Angstreaktion und ihre Ursprünge im Unterbewusstsein zu erkennen, um sie zu transformieren. Es geht darum, den Schutzmechanismus zu verstehen und in gesündere Verhaltensweisen umzulenken.

Es gibt jedoch auch andere Ansätze. Manche Hypnosetherapeuten arbeiten direkt mit den aktuellen Auslösern der Angst, ohne Rückführungen in die Vergangenheit vorzunehmen. Wieder andere setzen auf Techniken wie Desensibilisierung, bei der der Hypnotisand schrittweise in eine kontrollierte Konfrontation mit den angstauslösenden Situationen geführt wird. Der beschriebene Ansatz ist also nur eine Möglichkeit unter vielen, Ängste mit Hypnose zu bearbeiten.

Beispiel für eine Rückführung in die Ursprungserfahrung

Hypnotiseur: „Lass uns gemeinsam zu einem Zeitpunkt zurückkehren, an dem du diese Angst das erste Mal verspürt hast. Vielleicht warst du noch ein Kind, vielleicht war es in einer Gruppe von anderen Kindern, als du das Gefühl hattest, ausgeschlossen zu werden oder nicht dazu zu gehören. Erinnerst du dich, wie du dich in diesem Moment gefühlt hast? Dieses Gefühl, alleine zu sein, hat sich damals wie eine Gefahr angefühlt, aber heute kannst du diese Erinnerung aus der Distanz betrachten."

Erklärung: Diese Methode hilft dem Hypnotisanden, den Ursprung seiner Angst in einer sicheren Umgebung neu zu erleben. Die Rückführung erlaubt es dem Hypnotisanden, die alten emotionalen Verknüpfungen zu erkennen, ohne von ihnen überwältigt zu werden. Stattdessen kann er diese Erlebnisse mit einem neuen, erwachsenen Bewusstsein betrachten.

Verknüpfung mit neuen Gefühlen und Erlebnissen

Hypnotiseur: „Und jetzt, wo du diese Erfahrung aus der Distanz betrachtest, kannst du vielleicht bemerken, wie du dich jetzt anders fühlst. Du bist erwachsen, du bist stark, und du hast bereits viele Situationen in deinem Leben gemeistert. Während du zurückblickst, kannst du das Gefühl von Sicherheit und Stärke spüren, das dich jetzt begleitet. Du kannst spüren, wie du dich in dieser Situation neu verhalten würdest, mit mehr Gelassenheit und Vertrauen."

Erklärung: Hier wird die Angst nicht nur analysiert, sondern es wird ein neuer emotionaler Rahmen geschaffen, in dem der Hypnotisand sich selbst in der angstauslösenden Situation mit positiven Gefühlen und Verhaltensweisen erlebt. Die Verknüpfung mit positiven Emotionen und der inneren Stärke hilft, alte Ängste aufzulösen und neue, gesündere Verhaltensmuster zu verankern.

Alternative Ansätze zur Angstbewältigung

Wie bereits erwähnt, ist die Rückführung in die Vergangenheit nicht der einzige Weg, Ängste zu bearbeiten. In vielen Fällen kann es auch hilfreich sein, direkt mit den aktuellen angstauslösenden Situationen zu arbeiten. Zum Beispiel kann eine Technik der Hypnose darin bestehen, den Hypnotisanden sich vorstellen zu lassen, wie er sich in einer typischen Angstsituation souverän verhält.

Ein anderer Ansatz könnte sein, sich auf die körperlichen Empfindungen zu konzentrieren, die mit der Angst einhergehen, und den Hypnotisanden darin zu schulen, diese Empfindungen durch Atmung oder andere Entspannungstechniken zu kontrollieren. Je nach Person und Art der Angst kann der Hypnosetherapeut unterschiedliche Methoden anwenden.

Zusammenfassung des Prozesses

Der in diesem Kapitel beschriebene Ansatz ist nur einer von vielen Wegen, wie Hypnose bei der Angstbewältigung helfen kann. Er basiert darauf, die Schutzmechanismen des Unterbewusstseins zu erkennen und neue, positive Verhaltensweisen zu verankern. Die Hypnose bietet jedoch auch viele weitere Methoden, um Ängste zu behandeln. Entscheidend ist, dass der Therapeut die Methode wählt, die am besten zu den individuellen Bedürfnissen und Erfahrungen des Hypnotisanden passt. Die beschriebenen Beispiele sind dazu gedacht, ein grundlegendes Verständnis zu vermitteln und eine mögliche Vorgehensweise aufzuzeigen, jedoch stellen sie keine vollständige Hypnoseintervention dar.

13. Schmerzbehandlung durch Hypnose

Wie nehmen wir Schmerzen wahr?

Schmerz ist eine komplexe Empfindung, die durch eine Vielzahl von körperlichen und emotionalen Faktoren beeinflusst wird. Wenn wir Schmerzen empfinden, liegt das nicht nur an der Verletzung oder dem körperlichen Schaden selbst, sondern auch an der Art und Weise, wie unser Gehirn diese Signale verarbeitet.

Schmerzreize entstehen in den Nervenenden der betroffenen Körperregionen und werden über Nervenbahnen zum Rückenmark und von dort aus weiter ins Gehirn geleitet. Das Gehirn verarbeitet diese Reize und bewertet sie auf der Grundlage unserer Erfahrungen, Emotionen und des Kontextes, in dem der Schmerz auftritt. Daher ist Schmerz nicht nur eine physiologische Reaktion, sondern auch eine subjektive Empfindung, die stark von unserem mentalen Zustand abhängt.

In bestimmten Situationen kann unser Gehirn Schmerzen verstärken, wenn wir ängstlich oder angespannt sind, oder sie reduzieren, wenn wir entspannt oder abgelenkt sind. Diese Tatsache zeigt bereits, wie stark der mentale Zustand die Schmerzwahrnehmung beeinflusst.

Wie Hypnose bei Schmerzen helfen kann

Hypnose bietet einen wirkungsvollen Ansatz, um diesen psychologischen Einfluss auf Schmerzen gezielt zu nutzen. Durch die gezielte Fokussierung des Bewusstseins und die Anwendung von Suggestionen kann die Hypnose den Schmerzempfindungsprozess im Gehirn beeinflussen. Dies geschieht auf mehreren Ebenen:

1. **Schmerzblockade**: In der Hypnose kann der Hypnotiseur gezielt Suggestionen geben, die den Schmerz als weniger intensiv oder gar als nicht vorhanden wahrnehmen lassen. Dies erfolgt, indem das Gehirn darauf konditioniert wird, Schmerzsignale anders zu bewerten oder gar nicht mehr als bedrohlich oder belastend zu registrieren.
2. **Veränderung der emotionalen Reaktion auf den Schmerz**: Oftmals wird der Schmerz als schlimmer empfunden, weil er mit Angst oder Stress verbunden ist. Durch Hypnose kann der emotionale Aspekt des Schmerzes gelöst werden, sodass der Schmerz zwar noch empfunden, aber als weniger belastend wahrgenommen wird. Beispielsweise könnte der Hypnotiseur Suggestionen verwenden wie: "Du spürst eine angenehme Wärme anstelle des Schmerzes" oder "Der Schmerz wird immer schwächer, bis er verblasst."
3. **Fokusverlagerung**: Ein weiterer Effekt der Hypnose ist die Verlagerung des Bewusstseins auf etwas anderes als den Schmerz. Durch Visualisierungen oder entspannende Szenarien kann der Hypnotisand den Fokus weg vom Schmerz und hin zu angenehmen Empfindungen lenken. Das Gehirn ist dann so beschäftigt, dass es die Schmerzreize kaum noch verarbeitet.

Dissoziation von Schmerzempfindungen

Eine der faszinierendsten Anwendungen der Hypnose bei Schmerzen ist das Konzept der **Dissoziation**. Dabei wird der Hypnotisand dazu gebracht, die Schmerzwahrnehmung von sich selbst zu trennen. Das bedeutet, dass der Schmerz zwar noch im Körper existiert, aber das Gehirn den Schmerz nicht mehr als Teil des eigenen Selbst wahrnimmt. Der Hypnotisand kann den Schmerz quasi von außen betrachten, ohne emotional darauf zu reagieren.

Dieser Mechanismus wird oft bei der Behandlung von chronischen Schmerzen oder bei intensiven medizinischen Eingriffen angewendet. Durch Suggestionen wie "Du beobachtest den Schmerz von außen, ohne ihn wirklich zu fühlen" wird eine Distanz zwischen dem Schmerz und der eigenen Wahrnehmung geschaffen.

Hypnose als Alternative zur Narkose

In einigen Fällen wurde Hypnose sogar erfolgreich als Alternative zur Narkose eingesetzt. Besonders bei Patienten, die eine Unverträglichkeit gegenüber Betäubungsmitteln haben oder die Risiken einer Vollnarkose umgehen möchten, kann Hypnose eine wertvolle Methode sein. Hier wird der Patient in eine so tiefe Trance versetzt, dass er keinen Schmerz mehr empfindet – selbst während chirurgischer Eingriffe.

Ein berühmtes Beispiel für die Anwendung von Hypnose als Narkoseersatz stammt aus der Zahnmedizin. Einige Patienten wurden erfolgreich mit Hypnose statt mit Betäubungsmitteln behandelt und konnten schmerzfrei umfangreiche Eingriffe überstehen. Dies erfordert jedoch eine tiefe Hypnose und einen erfahrenen Hypnotiseur, der den Patienten in einen Zustand der völligen Entspannung und Schmerzlosigkeit führt.

Wie Hypnose zur Schmerzbehandlung eingesetzt wird

In der Praxis erfolgt die Anwendung von Hypnose zur Schmerzbehandlung in mehreren Schritten:

1. **Induktion**: Der Hypnotisand wird zunächst in einen tiefen Entspannungszustand geführt. Dies kann durch bekannte Induktionstechniken geschehen, die den kritischen Filter des Bewusstseins umgehen.
2. **Suggestionen zur Schmerzreduktion**: Sobald der Hypnotisand in Trance ist, werden gezielte Suggestionen zur Schmerzlinderung gegeben. Diese

können variieren, abhängig von der Art des Schmerzes und den individuellen Bedürfnissen des Hypnotisanden. Beispiele für solche Suggestionen könnten sein: „Der Schmerz wird immer schwächer" oder „Du spürst jetzt nur noch ein leichtes Kribbeln."

3. **Visualisierungen**: Oft werden auch Visualisierungen eingesetzt, um den Schmerz zu transformieren. Der Hypnotisand wird angeleitet, sich vorzustellen, wie der Schmerz verblasst oder in eine angenehmere Empfindung umgewandelt wird.

4. **Dissoziation**: Bei intensiven Schmerzen kann die Dissoziationstechnik angewendet werden. Der Hypnotisand wird dazu gebracht, den Schmerz als etwas außerhalb von sich wahrzunehmen, was die emotionale Reaktion auf den Schmerz erheblich mindert.

5. **Nachbehandlung und Verankerung**: Nach der Hypnose wird häufig eine Verankerung gesetzt, um die Wirkung der Hypnose über die Sitzung hinaus aufrechtzuerhalten. Dies kann durch Suggestionen wie „Jedes Mal, wenn du tief atmest, wird der Schmerz weiter verschwinden" erfolgen.

Zusammenfassung

Hypnose bietet einen faszinierenden und vielseitigen Ansatz zur Schmerzbehandlung, indem sie die Art und Weise verändert, wie das Gehirn Schmerz wahrnimmt und verarbeitet. Von der reinen Schmerzreduktion über die Dissoziation bis hin zum vollständigen Ersatz von Narkosen – Hypnose kann eine starke Wirkung haben. Obwohl sie nicht in allen Fällen eine vollständige Lösung für Schmerzen darstellt, kann sie eine wertvolle Ergänzung zur Schulmedizin sein und den Patienten helfen, ihre Schmerzen besser zu bewältigen.

14. Gewichtsreduktion durch Hypnose

Der Kampf mit dem Gewicht: Ein psychologisches Problem

Für viele Menschen ist das Thema Gewichtsreduktion eine ständige Herausforderung. Diäten und sportliche Betätigung spielen eine wichtige Rolle, doch oft stehen tief verwurzelte psychologische Muster dem langfristigen Erfolg im Weg. Unser Essverhalten wird nicht nur von physischen Bedürfnissen bestimmt, sondern ist eng mit Emotionen, Gewohnheiten und dem Unterbewusstsein verknüpft. Stress, Langeweile, emotionale Krisen oder Gewohnheitsmuster können dazu führen, dass Menschen übermäßig essen, selbst wenn sie wissen, dass es ungesund ist. An diesem Punkt kann Hypnose als mächtiges Werkzeug zur Veränderung des Verhaltens ansetzen.

Hypnose zielt darauf ab, die tief im Unterbewusstsein verankerten Essgewohnheiten zu verändern. Durch gezielte Suggestionen wird das Unterbewusstsein dahingehend beeinflusst, gesündere Entscheidungen zu treffen und unbewusste Muster, die zum Überessen führen, zu verändern. Die Anwendung von Hypnose zur Gewichtsreduktion hat das Ziel, nicht nur das körperliche Verhalten zu ändern, sondern auch die emotionalen und mentalen Trigger zu erkennen, die übermäßiges Essen verursachen.

Ein zentraler Bestandteil der Hypnose zur Gewichtsreduktion ist es, die Motivation hinter dem Essverhalten zu verstehen und neu auszurichten. Oft essen Menschen nicht aus Hunger, sondern um emotionale Bedürfnisse zu befriedigen – sei es, um Stress abzubauen, Trost zu finden oder sich zu belohnen.

Der Prozess einer Hypnosesitzung zur Gewichtsreduktion

1. **Induktion und Entspannung**: Zu Beginn wird der Hypnotisand in eine tiefe Entspannung geführt, um den kritischen Filter des Bewusstseins zu umgehen und das Unterbewusstsein empfänglicher für die nachfolgenden Suggestionen zu machen.
2. **Erforschung der zugrunde liegenden Muster**: In einer tiefen Trance wird der Hypnotisand oft angeleitet, die emotionalen Auslöser für sein Essverhalten zu erkunden. Der Hypnotiseur kann Fragen stellen wie: „Wann spürst du den Drang zu essen, obwohl du keinen Hunger hast? Welche Situationen lösen dieses Bedürfnis aus?" Diese Rückführungen helfen dabei, die emotionalen und mentalen Verknüpfungen zu erkennen, die hinter dem Essverhalten stehen.
3. **Positive Suggestionen**: Sobald die zugrunde liegenden Muster erkannt wurden, gibt der Hypnotiseur gezielte Suggestionen, um das Essverhalten positiv zu verändern. Typische Suggestionen könnten lauten:
   o „Du wirst jetzt jedes Mal nur dann essen, wenn du wirklich Hunger verspürst."
   o „Dein Körper verlangt von nun an nach gesunden, nahrhaften Lebensmitteln."
   o „Jedes Mal, wenn du Wasser trinkst, wirst du dich gesättigt und zufrieden fühlen."
   o „Du wirst lernen, Stress auf andere Weise abzubauen – durch Bewegung, Entspannung oder tiefes Atmen."

Diese Suggestionen werden direkt ins Unterbewusstsein eingebettet, sodass der Hypnotisand in Alltagssituationen automatisch gesündere Entscheidungen trifft, ohne darüber nachdenken zu müssen.

4. **Visualisierungen**: Hypnose arbeitet auch stark mit Visualisierungen. Der
   Hypnotisand kann dazu angeleitet werden, sich selbst in einer schlanke-
   ren, gesünderen Version zu sehen – glücklich, voller Energie und selbstbe-
   wusst. Diese mentalen Bilder schaffen ein positives Zukunftsbild, auf das
   sich der Hypnotisand hinbewegt. Beispiele hierfür könnten sein:

   o „Stell dir vor, wie du in deinem Lieblingskleid in eine Veranstal-
      tung gehst, selbstbewusst und stolz auf dein neues Ich."
   o „Sieh dich selbst, wie du gesunde Mahlzeiten zubereitest und
      Freude daran hast, deinen Körper zu nähren."

   Diese Bilder verankern die Vision eines gesunden Lebensstils und unterstützen den Hypnotisanden dabei, sich mit positiven Emotionen an die
   Idee des Gewichtsverlusts zu binden.

5. **Motivation und Selbstkontrolle stärken**: Die Hypnose kann auch dazu verwendet werden, die Selbstkontrolle des Hypnotisanden zu stärken, indem
   Suggestionen wie „Du wirst leicht und mühelos Nein sagen können, wenn
   dir ungesunde Lebensmittel angeboten werden" oder „Jeder Bissen wird
   dir signalisieren, wann du genug gegessen hast" gegeben werden.

Dissoziation emotionaler Trigger

Ein weiteres mächtiges Werkzeug in der Hypnose ist die Fähigkeit, den emotionalen Aspekt des Essverhaltens zu dissoziieren. Menschen neigen dazu, in stressigen
oder emotional belastenden Momenten zu essen. Durch Hypnose kann der Hypnotisand lernen, negative Emotionen anders zu verarbeiten, ohne auf Essen zurückzu-
greifen. Der Hypnotiseur könnte Suggestionen verwenden wie: „Jedes Mal, wenn
du gestresst bist, wirst du das Bedürfnis zu essen durch ein tiefes Ein- und Ausatmen ersetzen und dich entspannt fühlen."

Hypnose als langfristige Lösung

Der Schlüssel zu erfolgreicher Gewichtsreduktion durch Hypnose liegt in der langfristigen Veränderung der Denk- und Verhaltensmuster. Da das Unterbewusstsein
der Ort ist, an dem die Gewohnheiten gespeichert werden, wirkt Hypnose direkt
auf diese unbewussten Muster ein und hilft, gesündere Entscheidungen zu

verankern. Die Suggestionen und Visualisierungen, die in der Hypnosesitzung gegeben werden, können so verankert werden, dass der Hypnotisand im Alltag gesunde Gewohnheiten entwickelt.

Zusammenfassung

Hypnose kann ein wirkungsvolles Werkzeug sein, um das Essverhalten zu verändern und nachhaltigen Gewichtsverlust zu fördern. Durch gezielte Suggestionen, Visualisierungen und die Auflösung emotionaler Auslöser hilft die Hypnose dabei, unbewusste Gewohnheiten zu verändern und gesunde Verhaltensweisen zu etablieren. Wichtig ist, dass die Veränderung langfristig ist – Hypnose schafft keine schnelle Lösung, sondern eine nachhaltige Transformation.

15. Das Setzen eines Ankers in der Hypnose

Was ist ein Anker?

Ein Anker ist ein Reiz oder eine Handlung, die mit einem bestimmten emotionalen oder mentalen Zustand verknüpft ist. Dieser Reiz kann visuell, auditiv oder kinästhetisch (körperlich) sein, zum Beispiel eine Berührung, ein Geräusch oder ein bestimmtes Wort. Wenn dieser Anker wiederholt gesetzt wird, ruft er automatisch den gewünschten Zustand hervor.

Das Konzept des Ankers basiert auf der klassischen Konditionierung, wie sie etwa durch die Experimente von Pawlow mit Hunden bekannt wurde. Pawlow zeigte, dass ein neutraler Reiz (das Klingeln einer Glocke) durch wiederholte Verknüpfung mit einem bestimmten Zustand (Futter) dazu führen kann, dass die Hunde auf den Reiz allein reagieren (Speichelfluss). In ähnlicher Weise kann ein Anker einen mentalen oder emotionalen Zustand im Menschen hervorrufen, wenn er einmal verankert wurde.

Anker im Alltag

Anker sind überall in unserem täglichen Leben zu beobachten, oft ohne dass wir uns dessen bewusst sind. Hier sind einige Beispiele:

1. **Musik**: Bestimmte Lieder können starke emotionale Reaktionen hervorrufen, weil sie uns an eine vergangene Erfahrung oder eine bestimmte Zeit in unserem Leben erinnern. Wenn wir ein Lied hören, das mit einem

positiven Moment verknüpft ist, fühlen wir uns sofort glücklich oder nostalgisch.

2. **Gerüche**: Der Geruch von frisch gebackenem Brot oder Parfüm kann sofort Erinnerungen an einen Ort, eine Person oder ein Erlebnis wachrufen. Das liegt daran, dass unser Geruchssinn stark mit dem limbischen System im Gehirn verbunden ist, das Emotionen steuert.

3. **Berührungen**: Eine liebevolle Umarmung oder ein beruhigender Händedruck kann uns sofort in einen Zustand von Sicherheit und Geborgenheit versetzen, besonders wenn diese Gesten in der Vergangenheit mit positiven Gefühlen verbunden waren.

Diese Beispiele zeigen, dass unser Gehirn ständig Verknüpfungen herstellt und Erinnerungen mit sensorischen Reizen verbindet. In der Hypnose wird dieses Prinzip gezielt genutzt, um erwünschte Zustände bewusst zu verankern und später wieder abrufen zu können.

Das Setzen eines Ankers in der Hypnose

In der Hypnose wird ein Anker gesetzt, um einen positiven Zustand, wie Entspannung, Selbstvertrauen oder Motivation, dauerhaft mit einem bestimmten Reiz zu verbinden. Dies geschieht, während der Hypnotisand sich in einem tiefen Trancezustand befindet und das Unterbewusstsein besonders empfänglich ist.

Der Hypnotiseur bringt den Hypnotisanden zunächst in den gewünschten Zustand – zum Beispiel tiefe Entspannung oder ein Gefühl von Selbstsicherheit. Dann wird der Anker gesetzt, indem ein spezifischer Reiz eingeführt wird. Dieser Reiz kann eine einfache Berührung sein, ein Wort oder ein visueller Hinweis. Dieser Reiz wird dann mit dem gewünschten Zustand verknüpft.

Beispiel: Der Hypnotiseur könnte sagen: „Jedes Mal, wenn du deine Finger so zusammenpresst, wirst du sofort in diesen Zustand tiefer Entspannung zurückkehren." Durch wiederholtes Setzen des Ankers während der Hypnosesitzung wird dieser Zustand in der Zukunft durch das Zusammenpressen der Finger leicht wieder hervorrufbar.

Wie ein Anker funktioniert

Der Anker funktioniert, indem er das Unterbewusstsein daran erinnert, dass es bereits in diesem Zustand war und er diesen Zustand wieder aktivieren kann. Wenn der Anker gesetzt ist, kann der Hypnotisand ihn im Alltag nutzen, um jederzeit den gewünschten Zustand herbeizuführen. Dies kann zum Beispiel in stressigen Situationen helfen, Ruhe zu bewahren, oder bei der Bewältigung von Ängsten genutzt werden.

Ein gut gesetzter Anker bleibt dauerhaft wirksam, besonders wenn er regelmäßig aktiviert wird. Mit der Zeit wird die Verbindung zwischen Reiz und Zustand immer stärker.

Beispiele für das Setzen eines Ankers in einer Hypnosesitzung

Beispiel 1: Anker für Entspannung

In diesem Beispiel wird ein Anker gesetzt, um dem Hypnotisanden zu helfen, jederzeit in einen Zustand tiefer Entspannung zurückzukehren:

Hypnotiseur: „Du befindest dich jetzt in einem tiefen, entspannten Zustand. Deine Atmung ist ruhig, dein Körper fühlt sich schwer und angenehm an. Du weißt, dass du jederzeit in diesen Zustand zurückkehren kannst, wenn du es möchtest. Jetzt, während du in diesem entspannten Zustand bist, lege deine rechte Hand auf dein Herz und drücke leicht. Spüre, wie die Wärme und Entspannung in deinem Körper fließen, während du diesen Druck ausübst."

Erklärung: Der Hypnotiseur verknüpft hier die körperliche Handlung (das Drücken der Hand auf das Herz) mit dem Zustand tiefer Entspannung. Jedes Mal, wenn der Hypnotisand diese Geste macht, wird er automatisch in diesen Zustand zurückkehren, da das Unterbewusstsein den Anker mit der Entspannung verknüpft hat.

Hypnotiseur: „Wann immer du diese Berührung wiederholst, wirst du sofort in diesen tiefen, entspannten Zustand zurückkehren. Dein Körper wird sich entspannen, deine Gedanken werden ruhig, und du wirst dich sofort wohl fühlen."

Beispiel 2: Anker für Selbstvertrauen

Ein Anker kann auch genutzt werden, um das Selbstvertrauen zu stärken, zum Beispiel vor einer wichtigen Präsentation oder einem Auftritt:

Hypnotiseur: „Erinnere dich an eine Zeit, in der du dich stark und selbstsicher gefühlt hast. Du warst voller Energie und wusstest, dass du alles erreichen kannst. Jetzt spüre dieses Gefühl wieder aufsteigen – lass es sich in deinem ganzen Körper ausbreiten. Und während du dieses starke Gefühl spürst, lege deine Hand auf dein linkes Handgelenk."

Erklärung: Hier verknüpft der Hypnotiseur das körperliche Gefühl der Stärke und des Selbstvertrauens mit einer Berührung am Handgelenk. Immer wenn der Hypnotisand in der Zukunft diesen Anker auslöst, wird das Gefühl des Selbstvertrauens automatisch zurückkehren.

Hypnotiseur: „Jedes Mal, wenn du deine Hand an dein Handgelenk legst, wirst du sofort diese Stärke und dieses Vertrauen in dir spüren. Es wird dir helfen, jede Herausforderung zu meistern."

Wie Anker langfristig wirken

Anker funktionieren, indem sie die Kraft des Unterbewusstseins nutzen, um positive Zustände in stressigen oder schwierigen Situationen hervorzurufen. Durch das regelmäßige Setzen und Wiederholen von Ankern können Menschen lernen, Kontrolle über ihre emotionalen Zustände zu erlangen. Diese Technik kann in nahezu jeder Situation angewendet werden, sei es zur Bewältigung von Stress, zur Steigerung der Motivation oder zur Linderung von Angstzuständen.

Es ist wichtig, dass der Anker regelmäßig im Alltag aktiviert wird, um seine Wirkung zu festigen. Je häufiger er verwendet wird, desto stärker wird die Verbindung zwischen dem Reiz und dem gewünschten Zustand.

Zusammenfassung

Das Setzen eines Ankers in der Hypnose ist eine effektive Methode, um emotionale Zustände wie Entspannung, Selbstvertrauen oder Motivation mit einem bestimmten Reiz zu verknüpfen. Ankertechniken bieten die Möglichkeit, positive Zustände jederzeit und an jedem Ort hervorzurufen, wenn sie benötigt werden. Die Hypnose hilft, diesen Prozess zu verstärken und das Unterbewusstsein zu trainieren, um auf diese Reize zu reagieren. Die beiden Beispiele, wie Anker in Hypnosesitzungen gesetzt werden, verdeutlichen, wie diese Technik praktisch angewendet werden kann.

16. Allgemeine Methoden in der Hypnose

In diesem Kapitel werden wir einige allgemeine hypnotische Methoden untersuchen, die eine vielseitige Anwendung finden. Wir betrachten die Methode des Reframings, die Stellvertretertechnik, therapeutische Geschichten und Metaphern, hypnotische Hypermnesie, posthypnotische Amnesie, Altersregression sowie die Nutzung vorhandener unbewusster Ressourcen. Jede dieser Methoden bietet eine kraftvolle Möglichkeit, um im hypnotischen Zustand positive Veränderungen zu initiieren, das Denken umzugestalten und emotionale Blockaden aufzulösen.

Reframing: Den Rahmen der Wahrnehmung verändern

Reframing ist eine Technik, die darauf abzielt, eine neue Perspektive auf bestehende Probleme, Verhaltensweisen oder Glaubenssätze zu gewinnen. Ein Beispiel hierfür könnte sein, dass man eine schwierige berufliche Herausforderung nicht als Bedrohung, sondern als Chance zur persönlichen Weiterentwicklung betrachtet. Diese Methode wird sowohl in der Hypnose als auch in anderen psychotherapeutischen Verfahren eingesetzt, um die Bedeutung von Ereignissen zu verändern und somit eine positive Neuinterpretation zu ermöglichen. Durch die Veränderung des Kontextes oder der Bedeutung kann ein negatives Erlebnis in ein neutrales oder sogar positives umgewandelt werden.

Bedeutungs-Reframing und Kontext-Reframing

Reframing kann in zwei Hauptarten unterteilt werden: Bedeutungs-Reframing und Kontext-Reframing. Bedeutungs-Reframing konzentriert sich darauf, die Bedeutung einer Situation oder eines Ereignisses zu verändern. Zum Beispiel könnte die Angst vor einer öffentlichen Rede als eine natürliche Vorbereitung des Körpers interpretiert werden, um das Beste zu geben. Diese Neudeutung kann helfen, die Angst in eine positive Erwartung zu verwandeln. Das Bedeutungs-Reframing hilft also, negative Gefühle in positive oder zumindest neutrale Gefühle umzuwandeln, indem die Interpretation verändert wird.

Das Kontext-Reframing hingegen bezieht sich darauf, den Kontext zu verändern, in dem eine bestimmte Verhaltensweise als nützlich betrachtet werden kann. Ein Beispiel hierfür wäre jemand, der als zu perfektionistisch angesehen wird. Im richtigen Kontext, wie zum Beispiel bei einer Tätigkeit, die hohe Präzision erfordert, könnte dieser Perfektionismus jedoch eine sehr wertvolle Eigenschaft sein. Kontext-

Reframing zeigt dem Hypnotisanden, dass ein Verhalten, das in einer bestimmten Situation als problematisch erscheint, in einem anderen Zusammenhang durchaus vorteilhaft sein kann.

Anwendung des Reframings in der Hypnose

In der Hypnose kann Reframing helfen, einschränkende Glaubenssätze zu verändern oder emotionale Reaktionen neu zu bewerten. Zum Beispiel könnte ein Patient, der über eine starke Angst vor dem Versagen klagt, in einen hypnotischen Zustand geführt werden, in dem ihm suggeriert wird, dass seine Angst tatsächlich ein Zeichen von Selbstverantwortung und dem Wunsch nach Exzellenz ist. Die Angst wird so umgedeutet, dass sie nicht mehr als Hindernis, sondern als Motivationsquelle wahrgenommen wird.

Ein weiteres Beispiel ist das Reframing von Schuldgefühlen. Wenn ein Patient aufgrund eines Fehlers, den er in der Vergangenheit gemacht hat, unter starken Schuldgefühlen leidet, kann der Hypnotiseur die Bedeutung dieses Fehlers neu formulieren. Der Fehler könnte in der Hypnose als eine wertvolle Lektion dargestellt werden, die den Patienten zu dem Menschen gemacht hat, der er heute ist. Auf diese Weise wird der emotionale Schmerz gelindert, und der Patient kann eine positive Sichtweise entwickeln.

Durch das Reframing wird die Perspektive auf bestimmte Aspekte des Lebens verändert, was dazu führt, dass der Hypnotisand diese Aspekte nicht mehr als belastend oder negativ empfindet, sondern als Möglichkeit für Wachstum und Entwicklung wahrnimmt. Die hypnotische Trance ermöglicht es dabei, das Unterbewusstsein direkt anzusprechen und die Neuinterpretation tief zu verankern.

Die Stellvertretertechnik: Probleme aus einer anderen Perspektive lösen

Die Stellvertretertechnik, auch als "Teile-Arbeit" bekannt, ist eine Methode, bei der der Patient verschiedene Anteile seiner Persönlichkeit oder auch andere Menschen in seinem Leben symbolisch darstellt, um mit diesen innerlich zu arbeiten. In der Hypnose wird diese Technik verwendet, um innere Konflikte zu lösen, indem der Patient aus verschiedenen Perspektiven auf seine Probleme schaut.

In einem hypnotischen Zustand kann der Hypnotisand dazu angeleitet werden, sich einen inneren Dialog mit einem "Teil" von sich selbst vorzustellen, der beispielsweise für Ärger, Angst oder Unsicherheit steht. Diese Methode der inneren Dialoge ist besonders wirksam, weil sie es ermöglicht, verschiedene emotionale Anteile bewusst zu machen und in einen lösungsorientierten Austausch zu bringen. Dadurch kann der Hypnotisand neue Perspektiven gewinnen und Blockaden auflösen. Dieser Teil wird als eigenständig betrachtet, und der Hypnotisand wird dazu ermutigt, ihm eine Stimme zu geben. Dadurch kann eine wertvolle Kommunikation entstehen, bei der die Bedürfnisse und Anliegen des inneren Anteils verstanden und neu bewertet werden.

Ein Beispiel: Ein Patient, der in seinem Alltag oft unter Entscheidungsunfähigkeit leidet, könnte dazu aufgefordert werden, sich zwei Teile seiner selbst vorzustellen – einen, der für Sicherheit steht, und einen, der für Abenteuerlust steht. Beide Teile treten in einen inneren Dialog, bei dem ihre jeweiligen Standpunkte gehört und wertgeschätzt werden. Der Hypnotisand kann dann eine Art "Vermittlerrolle" einnehmen und eine Lösung finden, die beide Bedürfnisse in Einklang bringt.

Vorteile der Stellvertretertechnik

Die Stellvertretertechnik hilft dem Hypnotisanden, Probleme von einer übergeordneten Perspektive zu betrachten und verschiedene Teile der eigenen Persönlichkeit zu integrieren, die bisher vielleicht im Konflikt standen. Die Technik ermöglicht es, Verhaltensmuster, die im Alltag hinderlich sind, wie zum Beispiel das ständige Aufschieben wichtiger Aufgaben oder das Vermeiden von Konflikten, zu erkennen und positive Veränderungen zu bewirken. In der Hypnose wird dieser Prozess dadurch erleichtert, dass der Hypnotisand eine tiefe emotionale Verbindung zu den inneren Anteilen aufbauen kann, was im Wachzustand oft schwierig ist.

Ein weiteres Beispiel für ein typisches hinderliches Verhaltensmuster könnte das ständige Aufschieben wichtiger Aufgaben sein. Der Hypnotisand könnte dazu angeleitet werden, die Anteile, die für das Aufschieben und die für das Bewältigen der Aufgaben verantwortlich sind, miteinander in einen Dialog zu bringen. Dies ermöglicht ein besseres Verständnis der zugrundeliegenden Bedürfnisse und kann zu einer nachhaltigen Veränderung des Verhaltens führen.

Sowohl das Reframing als auch die Stellvertretertechnik können mit anderen hypnotischen Techniken kombiniert werden, um noch tiefere Veränderungen zu erzielen. Zum Beispiel kann die Stellvertretertechnik in Kombination mit Ankern verwendet werden, um positive Gefühle mit bestimmten Anteilen zu verbinden. Reframing lässt sich auch mit der Arbeit an inneren Bildern kombinieren, um die neu gewonnene Perspektive visuell zu verstärken.

Therapeutische Geschichten und Metaphern

Therapeutische Geschichten und Metaphern sind besonders kraftvolle Werkzeuge in der Hypnose. Sie ermöglichen es, das Unterbewusstsein direkt anzusprechen, indem sie Bilder und Assoziationen erzeugen, die oft tiefer wirken als rationale Erklärungen. Geschichten und Metaphern haben die Fähigkeit, Emotionen zu aktivieren und dem Hypnotisanden eine neue Perspektive auf seine Probleme zu bieten, ohne dass er sich bewusst dagegen wehrt.

Anwendung von Metaphern

Ein Beispiel für eine therapeutische Metapher könnte die Geschichte von einem Baum sein, der trotz eines heftigen Sturms fest verwurzelt bleibt. Diese Geschichte könnte genutzt werden, um einem Patienten, der sich in einer schwierigen Lebensphase befindet, Stärke und Stabilität zu vermitteln. Das Unterbewusstsein ist besonders empfänglich für solche Bilder und verankert die Botschaften tief, was zu einer positiven Veränderung im Denken und Fühlen führen kann.

Metaphern eignen sich auch hervorragend, um dem Hypnotisanden alternative Lösungswege aufzuzeigen, ohne ihm direkt eine bestimmte Richtung vorzugeben. Das Unterbewusstsein zieht seine eigenen Schlüsse aus der Metapher, was die Bereitschaft zur Veränderung erhöht.

Hypnotische Hypermnesie und posthypnotische Amnesie

Hypnotische Hypermnesie bezeichnet die Fähigkeit, unter Hypnose Erinnerungen besonders detailliert wiederzugeben. Dies kann genutzt werden, um verborgene Erinnerungen zugänglich zu machen, die im Wachzustand schwer erreichbar sind.

In der therapeutischen Praxis kann dies hilfreich sein, um vergessene oder verdrängte Erfahrungen zu bearbeiten und zu integrieren.

Posthypnotische Amnesie hingegen ist das Phänomen, bei dem der Hypnotisand nach der Hypnose bestimmte Informationen oder Erlebnisse nicht bewusst erinnert. Diese Technik kann genutzt werden, um schmerzhafte Erinnerungen zu dämpfen oder dem Hypnotisanden zu ermöglichen, sich besser auf den gegenwärtigen Moment zu konzentrieren, ohne von belastenden Gedanken abgelenkt zu werden.

Beide Techniken bieten in der Hypnose wertvolle Werkzeuge, um mit Erinnerungen zu arbeiten – sei es, um sie bewusst zu machen oder um sie vorübergehend auszublenden, um dem Hypnotisanden eine Pause von belastenden Gefühlen zu ermöglichen.

Altersregression

Die Altersregression ist eine Methode, um zurück in frühere Lebensphasen zu reisen, um dort liegende emotionale Blockaden oder ungelöste Konflikte aufzuarbeiten. In der Hypnose wird der Hypnotisand dazu angeleitet, in eine frühere Zeit zurückzukehren, beispielsweise in die Kindheit. Dieser Prozess ermöglicht es, Erinnerungen und Emotionen aus dieser Zeit wiederzuerleben, die möglicherweise für gegenwärtige Verhaltensweisen oder psychische Probleme verantwortlich sind.

Anwendung der Altersregression in der Hypnose

Die Altersregression kann zum Beispiel genutzt werden, um traumatische Erlebnisse aus der Kindheit aufzuarbeiten. Der Hypnotisand wird angeleitet, diese Situation noch einmal zu durchleben, diesmal jedoch mit der Unterstützung des Hypnotiseurs, der ihm hilft, die Erlebnisse zu verstehen und in einem neuen Licht zu sehen. Dadurch können alte Wunden heilen und der Hypnotisand kann belastende emotionale Reaktionen auf aktuelle Ereignisse auflösen, die in der Vergangenheit ihren Ursprung haben.

Ein weiteres Beispiel ist das Auflösen alter Glaubenssätze, die in der Kindheit entstanden sind. Viele Menschen haben Überzeugungen, die sie als Kind übernommen haben, und die bis ins Erwachsenenalter prägend sind – zum Beispiel das Gefühl, nicht gut genug zu sein. Mithilfe der Altersregression kann der Ursprung dieser Überzeugung aufgespürt und neu bewertet werden.

Risiken der Altersregression

Die Altersregression sollte nur von erfahrenen Hypnotiseuren oder Therapeuten durchgeführt werden, da sie sehr intensive emotionale Reaktionen hervorrufen kann. Ein verantwortungsvoller Umgang ist hier essenziell, um den Hypnotisanden nicht zu überfordern oder eine Retraumatisierung zu verursachen.

Nutzung vorhandener unbewusster Ressourcen: Die therapeutische "Dritte Person"

Eine weitere Methode in der Hypnose ist die Nutzung vorhandener unbewusster Ressourcen, bei der das Unterbewusstsein als eine Art "dritte Person" betrachtet wird. In diesem Konzept wird das Unterbewusstsein als eine eigenständige Entität betrachtet, die bereits über das notwendige Wissen und die Fähigkeiten verfügt, um eine Lösung für das bestehende Problem zu finden. Der Therapeut kann dem Hypnotisanden suggerieren, dass das Unterbewusstsein als "dritte Person" genau weiß, was für den Heilungsprozess erforderlich ist und welche Schritte zur Lösung des Problems unternommen werden müssen.

Anwendung der therapeutischen "Dritten Person"

Der Hypnotiseur könnte beispielsweise sagen: "Lass dein Unterbewusstsein als dein Verbündeter auftreten. Es ist eine weise und wissende Instanz, die genau weiß, wie du am besten mit dieser Herausforderung umgehst." In diesem Moment wird das Unterbewusstsein in eine aktive Rolle gebracht, wodurch es die Führung im Veränderungsprozess übernimmt. Dies ermöglicht dem Hypnotisanden, Lösungen zu entwickeln, ohne dabei von bewussten Ängsten oder Zweifeln blockiert zu werden.

Diese Technik hilft besonders dann, wenn ein Problem schwer zu lösen erscheint, weil das bewusste Denken keine offensichtliche Lösung findet. Indem das Unterbewusstsein als "dritte Person" dargestellt wird, wird es dem Hypnotisanden erleichtert, Vertrauen in seine inneren Ressourcen zu entwickeln und sich von blockierenden Glaubenssätzen zu lösen.

Diese Technik verstärkt das Vertrauen in das eigene Unterbewusstsein und hebt die vorhandenen Ressourcen und Fähigkeiten hervor, die der Hypnotisand möglicherweise vergessen hat oder sich nicht bewusst ist. Indem das Unterbewusstsein als eine weise Instanz dargestellt wird, wird das Gefühl von innerer Stärke und Kompetenz gestärkt, was zu einer positiven Veränderung im Denken und Verhalten führen kann.

Zusammenfassung

In diesem Kapitel haben wir einige allgemeine Methoden in der Hypnose betrachtet, die helfen, positive Veränderungen zu initiieren und das Denken sowie emotionale Reaktionen umzugestalten. Das Reframing bietet die Möglichkeit, die Wahrnehmung zu verändern und negative Erlebnisse neu zu bewerten. Die Stellvertretertechnik unterstützt dabei, innere Konflikte zu lösen und unterschiedliche Anteile der Persönlichkeit in Einklang zu bringen. Therapeutische Geschichten und Metaphern sind kraftvolle Werkzeuge, die das Unterbewusstsein direkt ansprechen und emotionale Veränderungen anregen.

Mit der hypnotischen Hypermnesie und posthypnotischen Amnesie stehen Techniken zur Verfügung, um Erinnerungen entweder detailliert zugänglich zu machen oder vorübergehend auszublenden. Schließlich bietet die Altersregression die Möglichkeit, in frühere Lebensphasen zurückzukehren, um alte emotionale Blockaden aufzulösen. Die Nutzung der unbewussten Ressourcen mithilfe der therapeutischen "dritten Person" ermöglicht es, das Vertrauen in die eigenen Fähigkeiten zu stärken und das Unterbewusstsein aktiv in den Heilungsprozess einzubinden.

Alle diese Methoden erfordern einen verantwortungsvollen Umgang und die Fähigkeit, eine sichere und unterstützende Umgebung zu schaffen, damit der Hypnotisand tiefgreifende Veränderungen erleben kann, ohne sich überfordert oder bedroht zu fühlen.

17. Die Ausleitung aus der Hypnose

Nachdem wir die verschiedenen Methoden der Trance-Induktion und Anwendungsbeispiele der Hypnose behandelt haben, ist es nun an der Zeit, uns mit dem letzten und ebenso wichtigen Schritt einer jeden Hypnosesitzung zu befassen: der **Ausleitung der Hypnose**.

Die Ausleitung, auch als „Erwecken" bezeichnet, ist der Prozess, durch den der Hypnotisand aus dem Zustand der tiefen Trance zurück ins normale Wachbewusstsein geführt wird. Obwohl es verlockend klingen mag, einfach „in der Trance zu bleiben", ist die Ausleitung ein unverzichtbarer Teil jeder Hypnose, da sie sicherstellt, dass der Hypnotisand wach, erfrischt und vollständig ins Hier und Jetzt zurückgekehrt ist.

Warum braucht es eine Ausleitung?

Der Trancezustand ist nicht nur ein Zustand tiefer Entspannung, sondern auch ein Zustand erhöhter Suggestibilität. Ohne eine kontrollierte Ausleitung könnte der Hypnotisand in einer Art „dösen" verbleiben, was zwar nicht gefährlich ist, aber unangenehme Nachwirkungen wie Schläfrigkeit, Benommenheit oder Desorientierung verursachen kann. Eine systematische Ausleitung stellt sicher, dass der Hypnotisand sich vollständig erfrischt fühlt und bereit ist, seine normalen Aktivitäten fortzusetzen.

Die Ausleitung hilft auch dabei, die positive Wirkung der Hypnose zu festigen. Während der Hypnotisand in den Wachzustand zurückgeführt wird, können gezielte Suggestionen gegeben werden, um sicherzustellen, dass die während der Hypnose getroffenen Veränderungen im Unterbewusstsein verankert bleiben.

Was passiert, wenn keine Ausleitung stattfindet?

Wenn die Ausleitung nicht ordnungsgemäß durchgeführt wird oder ganz unterbleibt, verbleibt der Hypnotisand in einem Zustand zwischen Trance und Wachbewusstsein, der sich wie eine Art „Halbschlaf" anfühlen kann. Dies kann zu einer anhaltenden Müdigkeit oder einem Gefühl der Benommenheit führen. In den meisten Fällen wird der Hypnotisand nach einer Weile von selbst vollständig wach, aber eine strukturierte Ausleitung gewährleistet eine klare und saubere Rückkehr ins normale Bewusstsein.

Der Prozess der Ausleitung

Der Prozess der Ausleitung sollte behutsam und strukturiert erfolgen, um den Hypnotisanden sanft in den Wachzustand zurückzuführen. Hier ist ein typischer Ablauf der Ausleitung, Schritt für Schritt erklärt:

1. Erste Rückkehr-Suggestionen

Die ersten Suggestionen sollten sanft darauf hinweisen, dass die Hypnose-Sitzung sich dem Ende zuneigt und der Hypnotisand bald wieder vollständig wach und präsent sein wird.

Hypnotiseur: „Du hast nun die wunderbare Arbeit geleistet, in einen tiefen, entspannenden Zustand zu gehen. Doch in Kürze wirst du dich bereit fühlen, langsam und sanft ins Hier und Jetzt zurückzukehren."

Erklärung: Diese Suggestion signalisiert dem Unterbewusstsein, dass die Trancephase bald endet und der Prozess der Rückkehr ins Wachbewusstsein beginnt. Es wird sanft darauf hingewiesen, dass das Ziel der Sitzung erreicht ist und nun der Übergang in die nächste Phase bevorsteht.

2. Körperliche Aktivierung

Als nächstes werden Suggestionen gegeben, um die Wahrnehmung und die Aktivität im Körper schrittweise wiederzuerwecken.

Hypnotiseur: „Du kannst nun langsam beginnen, wieder ein wenig Bewegung in deinen Körper zu bringen. Vielleicht magst du anfangen, deine Finger oder deine Zehen leicht zu bewegen. Mit jeder kleinen Bewegung kehrst du weiter ins Hier und Jetzt zurück."

Erklärung: Indem der Hypnotisand angeleitet wird, kleine Bewegungen auszuführen, aktiviert er allmählich seine körperlichen Sinne. Dies hilft, den Übergang vom Zustand der völligen Entspannung hin zu einer aktiveren Wahrnehmung zu erleichtern. Die Aktivierung der körperlichen Sinne unterstützt auch das Wiedererlangen der bewussten Kontrolle über den Körper.

3. Atmung und Energieaufbau

Im nächsten Schritt wird die Atmung verstärkt und der Hypnotisand wird eingeladen, mehr Energie in seinen Körper zurückzuholen.

Hypnotiseur: „Atme nun etwas tiefer ein und aus. Spüre, wie mit jedem Atemzug neue Energie in deinen Körper strömt. Jeder Atemzug bringt dich weiter zurück ins Hier und Jetzt, erfrischt und voller Kraft."

Erklärung: Das bewusste Vertiefen der Atmung spielt eine zentrale Rolle bei der Rückkehr ins Wachbewusstsein. Der Hypnotisand wird angeleitet, seine Atmung aktiv zu kontrollieren und damit nicht nur den Körper zu aktivieren, sondern auch das Gefühl von Energie und Wachheit wiederherzustellen.

4. Gezielte Rückführung ins Bewusstsein

Jetzt ist es an der Zeit, den Hypnotisanden vollständig ins Wachbewusstsein zurückzuführen. Dies geschieht meist durch eine Zähltechnik, die das Bewusstsein schrittweise aus der Trance holt.

Hypnotiseur: „Ich werde nun langsam von 1 bis 5 zählen. Mit jeder Zahl wirst du mehr und mehr ins Hier und Jetzt zurückkehren. Bei 5 wirst du dich vollkommen wach, erfrischt und bereit fühlen, deine Augen zu öffnen."

Erklärung: Das Zählen gibt dem Unterbewusstsein eine klare Struktur, um sich schrittweise wieder in den wachen Zustand zu bewegen. Dies schafft eine sanfte Rückkehr und verhindert, dass der Hypnotisand abrupt aus der Trance „herausgerissen" wird.

5. Positive Abschluss-Suggestionen

Nachdem der Hypnotisand wieder vollständig wach ist, können abschließende positive Suggestionen gegeben werden, um die Wirkung der Sitzung zu verstärken und den Transfer in den Alltag zu erleichtern.

Hypnotiseur: „Du fühlst dich nun vollkommen wach, erfrischt und voller Energie. Die positiven Veränderungen, die du heute in dir erlebt hast, werden weiterhin in deinem Unterbewusstsein wirken, und du wirst sie in deinem täglichen Leben spüren."

Erklärung: Diese Suggestion verankert die in der Hypnose erarbeiteten Veränderungen und stellt sicher, dass der Hypnotisand die Wirkung der Sitzung mit in seinen Alltag nimmt. Es ist wichtig, dass der Hypnotisand sich nach der Ausleitung nicht nur wach, sondern auch gestärkt und positiv fühlt.

6. Abschluss und Nachgespräch

Sobald der Hypnotisand die Augen geöffnet hat und sich vollständig wach fühlt, ist es hilfreich, ein kurzes Nachgespräch zu führen, um die Sitzung zu reflektieren und die positiven Erfahrungen zu festigen.

Zusammenfassung

Die Ausleitung ist ein essenzieller Schritt in jeder Hypnosesitzung. Sie sorgt dafür, dass der Hypnotisand sanft und sicher aus der Trance zurückkehrt und die positiven Effekte der Hypnose in seinen Alltag mitnimmt. Der Prozess der Ausleitung folgt einem strukturierten Ablauf, der den Hypnotisanden schrittweise ins Wachbewusstsein zurückführt, seine Körperwahrnehmung und Atmung aktiviert und durch positive Suggestionen gestärkt wird. Ohne eine saubere Ausleitung könnten Nachwirkungen wie Benommenheit oder Schläfrigkeit entstehen, weshalb dieser Schritt niemals vernachlässigt werden sollte.

18. Selbsthypnose – Die Kunst, sich selbst in Trance zu versetzen

Was ist Selbsthypnose?

Selbsthypnose ist der Prozess, sich selbst ohne die Hilfe eines Hypnotiseurs in einen hypnotischen Zustand zu versetzen. Sie bietet jedem die Möglichkeit, die Vorteile der Hypnose für Entspannung, Stressbewältigung, Selbstvertrauen, Schmerzmanagement und vieles mehr zu nutzen. Anders als bei einer Fremdhypnose, bei der eine externe Person die Suggestionen gibt, leiten Sie in der Selbsthypnose Ihren eigenen Prozess und geben sich selbst die gewünschten Suggestionen.

Warum Selbsthypnose lernen?

Die Fähigkeit zur Selbsthypnose bietet viele Vorteile. Menschen, die regelmäßig Selbsthypnose praktizieren, berichten von einer besseren Kontrolle über ihre Emotionen, einem gesteigerten Selbstbewusstsein und einer verbesserten Fähigkeit, sich auf Ziele zu konzentrieren. Selbsthypnose gibt Ihnen die Kontrolle über Ihre mentale und emotionale Gesundheit zurück, sodass Sie nicht auf externe Hilfe angewiesen sind.

Die Induktion einer Trance ist der wichtigste Teil der Selbsthypnose, da sie es ermöglicht, das Bewusstsein zu beruhigen und das Unterbewusstsein zu öffnen. Der Trancezustand ist nicht etwa ein vollständiger „Schlafzustand", sondern ein Zustand tiefer Entspannung, in dem der Fokus nach innen gerichtet ist. Hierbei wird das Bewusstsein in den Hintergrund gedrängt, während das Unterbewusstsein empfänglicher wird.

Wie fühlt sich eine Trance an?

Eine Trance kann sich für jeden Menschen unterschiedlich anfühlen, aber es gibt einige allgemeine Anzeichen, die darauf hindeuten, dass Sie sich in einer Trance befinden:

- **Körperliche Entspannung**: Ihr Körper fühlt sich schwer und entspannt an. Sie haben möglicherweise das Gefühl, dass Ihre Glieder schwerer werden oder dass Sie sich in den Sessel oder das Bett „hineinsinken".
- **Veränderte Wahrnehmung**: Geräusche und visuelle Reize werden schwächer wahrgenommen. Sie befinden sich möglicherweise in einem Zustand, in dem Sie alles um sich herum weniger bewusst wahrnehmen, während Sie innerlich fokussierter werden.
- **Gedankliche Ruhe**: Ihre Gedanken verlangsamen sich oder verschwinden sogar zeitweise. Sie erleben eine innere Stille und fühlen sich angenehm ruhig, ohne den Drang, über etwas nachzudenken.
- **Zeitgefühl verändert**: In Trance kann das Zeitgefühl verzerrt sein. Minuten können sich länger oder kürzer anfühlen, ohne dass Sie es bewusst merken.
- **Leichte Trancephänomene**: Es kann sein, dass Sie ein leichtes Kribbeln spüren oder das Gefühl haben, dass Ihre Hände oder Füße „schweben". Manche Menschen berichten, dass sie während der Trance ein Gefühl von Schwere oder Leichtigkeit in ihrem Körper erleben.

Trance-Test: Leichter Arm

Ein einfacher Test, um festzustellen, ob Sie sich in einer Trance befinden, besteht darin, die Vorstellungskraft zu nutzen. Sie können sich vorstellen, dass Ihr Arm immer leichter wird – als ob er von einem unsichtbaren Ballon nach oben gezogen wird.

- **Hypnotische Suggestion für den Trance-Test**: „Stellen Sie sich vor, wie sich Ihr Arm leichter und leichter anfühlt, so als ob er wie ein Ballon langsam beginnt, sich zu heben und in der Luft zu schweben. Sie müssen nichts bewusst tun, nur die Vorstellung zulassen und dem Prozess erlauben, sich zu entfalten."

Dieser Test kann auf zwei Ebenen wirken:

1. **Körperliche Reaktion**: Wenn sich Ihr Arm tatsächlich beginnt zu heben, ohne dass Sie bewusst etwas dafür tun, ist das ein Zeichen dafür, dass Sie sich in einer tiefen Trance befinden. Das Unterbewusstsein greift die Suggestion auf und beginnt, auf sie zu reagieren.
2. **Vertiefung der Trance**: Diese Erfahrung kann die Trance weiter vertiefen, da Sie durch die Bewegung des Arms eine physische Rückmeldung erhalten, dass Ihr Unterbewusstsein aktiv geworden ist. Die Vorstellung und das Erleben des leichten Hebens des Arms verstärkt das Vertrauen in den hypnotischen Zustand.

Wie leiten Sie die Trance ein?

Die Tranceinduktion erfordert Ruhe und Konzentration. Hier sind einige gängige Schritte, um eine Trance einzuleiten:

1. **Setzen oder legen Sie sich bequem hin**: Wählen Sie einen ruhigen Ort, an dem Sie nicht gestört werden. Achten Sie darauf, dass Sie bequem sitzen oder liegen, sodass Sie Ihren Körper vollständig entspannen können.
2. **Atmen Sie tief und gleichmäßig**: Schließen Sie Ihre Augen und konzentrieren Sie sich auf Ihren Atem. Atmen Sie tief durch die Nase ein und langsam durch den Mund aus. Jeder Atemzug bringt Sie tiefer in die Entspannung. Spüren Sie, wie Ihre Muskeln bei jedem Ausatmen mehr loslassen.
3. **Fixieren Sie einen Punkt (gedanklich)**: In der Selbsthypnose kann das Fixieren eines Punktes auch gedanklich erfolgen. Stellen Sie sich einen Punkt vor Ihrem inneren Auge vor, auf den Sie sich konzentrieren. Fokussieren Sie sich gedanklich auf diesen Punkt und lassen Sie alles andere in den Hintergrund treten.

4. **Zählen Sie rückwärts**: Beginnen Sie damit, von 10 rückwärts zu zählen. Mit jeder Zahl fühlen Sie, wie Sie tiefer in die Entspannung sinken. Stellen Sie sich vor, dass jede Zahl Sie tiefer in eine beruhigende und angenehme Trance führt.
    o „Mit jedem Atemzug und jeder Zahl sinke ich tiefer in die Entspannung."
    o „9… ich spüre, wie sich meine Muskeln weiter entspannen."
    o „8… mein Atem wird ruhig und gleichmäßig."
5. **Selbstsuggestionen**: Während Sie sich immer tiefer entspannen, geben Sie sich selbst Suggestionen. Diese Suggestionen sollten klar und positiv formuliert sein. Sie können beispielsweise sagen: „Ich fühle mich ruhig und gelassen" oder „Ich werde in stressigen Situationen gelassen bleiben."

Erkennen, dass man in Trance ist

Wie können Sie feststellen, dass Sie in einer tiefen Trance sind? Die folgenden Anzeichen können darauf hinweisen:

- **Entspannter Körper**: Ihre Atmung wird gleichmäßiger, langsamer und tiefer. Ihr Körper fühlt sich schwer an oder schwebt.
- **Reduzierte Reaktion auf äußere Reize**: Geräusche um Sie herum verblassen. Sie nehmen zwar noch wahr, was um Sie herum geschieht, aber es scheint weiter entfernt und weniger wichtig zu sein.
- **Innere Bilder oder Gedanken**: Sie können beginnen, innere Bilder zu sehen oder ein Gefühl von „Loslassen" zu verspüren, als würden Sie von Ihren Gedanken entführt werden.

Die Ausleitung aus der Trance

Die Ausleitung ist ein entscheidender Schritt, um die Selbsthypnose zu beenden und wieder ins Wachbewusstsein zurückzukehren. Eine sanfte und bewusste Ausleitung sorgt dafür, dass Sie erfrischt und klar aufwachen.

Warum ist eine Ausleitung wichtig?
Wenn die Trance nicht richtig beendet wird, können Sie sich möglicherweise benommen oder desorientiert fühlen. Es kann auch dazu führen, dass Sie sich schläfrig oder müde fühlen, wenn Sie in einem tiefen entspannten Zustand bleiben. Eine

bewusste Ausleitung hilft Ihnen, wieder vollständig im Hier und Jetzt anzukommen und sich energetisch und wach zu fühlen.

Schritte zur Ausleitung:

1. **Zählen Sie langsam von 1 bis 5**: Beginnen Sie langsam zu zählen und geben Sie sich dabei selbst Suggestionen, die Ihnen helfen, wach und erfrischt zu werden.
   - „1… Ich fühle mich wach und klar."
   - „2… Ich komme langsam zurück ins Hier und Jetzt."
   - „3… Mein Körper fühlt sich leicht und erfrischt an."
   - „4… Ich bin vollständig wach und energetisch."
   - „5… Ich bin jetzt wach und bereit, meinen Tag fortzusetzen."
2. **Tiefes Ein- und Ausatmen**: Machen Sie nach dem Zählen einige tiefe Atemzüge, um Ihren Körper wieder zu aktivieren. Atmen Sie tief ein und spüren Sie, wie neue Energie Ihren Körper durchflutet.
3. **Sanftes Strecken und Bewegen**: Bewegen Sie Ihren Körper langsam, strecken Sie sich sanft und öffnen Sie dann langsam Ihre Augen. Lassen Sie sich Zeit, um vollständig wach zu werden, bevor Sie aufstehen oder Ihre Aktivitäten fortsetzen.

Zusammenfassung

Die Selbsthypnose ist eine kraftvolle Technik, mit der Sie sich selbst in einen Zustand tiefer Entspannung versetzen und auf Ihr Unterbewusstsein zugreifen können. Der Prozess der Tranceinduktion erfordert ein bewusstes Eintauchen in die Entspannung, das Fixieren des Geistes auf einen inneren Punkt und die gezielte Verwendung von Suggestionen.

Es ist wichtig, die Trance sanft auszuleiten, um erfrischt und wach zurückzukehren. Die Ausleitung sorgt dafür, dass Sie wieder im Hier und Jetzt ankommen und energetisch bereit für den Alltag sind.

Mit regelmäßiger Übung können Sie lernen, die Selbsthypnose als wertvolles Mittel für Stressbewältigung, Verhaltensänderungen und persönliche Entwicklung zu nutzen.

19. Die Hypnotisierbarkeit und die Rolle des Rapports

Nicht jeder Mensch ist gleichermaßen hypnotisierbar, und die Hypnotisierbarkeit hängt von verschiedenen Faktoren ab. Eine der wichtigsten Fragen, die sich Menschen stellen, ist: **Sind alle Menschen hypnotisierbar?** Die Antwort darauf ist: **Ja, aber in unterschiedlichem Maße**. Es gibt Menschen, die sich sehr leicht hypnotisieren lassen, und andere, bei denen es schwieriger ist, einen tiefen Trancezustand zu erreichen. In diesem Kapitel werde ich auf die Faktoren eingehen, die die Hypnotisierbarkeit beeinflussen, die Rolle des Rapports zwischen Hypnotiseur und Hypnotisand erläutern und die Technik des Pacings detailliert beschreiben.

Hypnotisierbarkeit: Sind alle Menschen hypnotisierbar?

Grundsätzlich sind alle Menschen bis zu einem gewissen Grad hypnotisierbar, da die Hypnose auf natürlichen Prozessen basiert, die in jedem von uns vorhanden sind. Hypnose ist letztlich eine Art tiefe Entspannung, die uns hilft, unser Bewusstsein zu öffnen und Zugang zu Bereichen unseres Geistes zu erhalten, die uns im wachen Zustand oft verborgen bleiben. Allerdings gibt es individuelle Unterschiede, die beeinflussen, wie leicht eine Person in einen hypnotischen Zustand geführt werden kann. Zum Beispiel sind Menschen, die eine hohe Vorstellungskraft besitzen oder leicht in Tagträume verfallen, oft empfänglicher für Hypnose. Dagegen können Menschen, die eher kontrollierend sind oder Schwierigkeiten haben, sich zu entspannen, schwieriger in eine tiefe Trance versetzt werden. Diese Unterschiede hängen von mehreren Faktoren ab:

Faktoren, die die Hypnotisierbarkeit beeinflussen

- **Vertrauen und Offenheit:** Menschen, die bereit sind, sich auf die Erfahrung der Hypnose einzulassen und Vertrauen in den Hypnotiseur haben, sind in der Regel leichter hypnotisierbar. Skepsis oder Ängste können den Prozess erschweren und den Eintritt in die Trance blockieren. Vertrauen ist einer der wichtigsten Faktoren, denn der Hypnotisand muss sich sicher fühlen, um loslassen zu können.
- **Konzentrationsfähigkeit:** Die Fähigkeit, sich zu konzentrieren und den Anweisungen des Hypnotiseurs zu folgen, spielt eine große Rolle. Menschen, die gut visualisieren können und eine ausgeprägte Vorstellungskraft haben, sind oft leichter zu hypnotisieren. Gute Konzentration und

Fokussierung ermöglichen es dem Hypnotisanden, die äußere Welt loszulassen und ganz in das innere Erleben einzutauchen.

- **Persönliche Bereitschaft:** Eine wichtige Voraussetzung für Hypnose ist die innere Bereitschaft des Hypnotisanden, in diesen Zustand einzutreten. Menschen, die sich gegen Hypnose sträuben oder glauben, nicht hypnotisierbar zu sein, werden es schwerer haben, eine tiefe Trance zu erreichen. Diese innere Bereitschaft kann durch positive Erwartungen und eine klare Zielsetzung für die Hypnosesitzung gefördert werden.

Es ist wichtig zu betonen, dass niemand gegen seinen Willen hypnotisiert werden kann. Hypnose ist immer eine Zusammenarbeit zwischen dem Hypnotiseur und dem Hypnotisanden, die auf Vertrauen und Bereitschaft beruht.

Die Rolle des Rapports in der Hypnose

Der Begriff 'Rapport' stammt aus dem Französischen und bedeutet so viel wie 'Beziehung' oder 'Verbindung'. In der Hypnose bezieht sich Rapport auf die vertrauensvolle und empathische Beziehung zwischen Hypnotiseur und Hypnotisand, die für den Erfolg der Hypnose entscheidend ist. Rapport bedeutet, dass eine Verbindung geschaffen wird, bei der sich der Hypnotisand sicher und verstanden fühlt. Der Hypnotisand muss sich sicher und wohl fühlen, damit er sich auf den Prozess einlassen kann. Der Rapport schafft die notwendige Grundlage für dieses Vertrauen und die Offenheit gegenüber den Suggestionen des Hypnotiseurs.

Der Aufbau eines guten Rapports beginnt oft schon beim ersten Gespräch, in dem der Hypnotiseur empathisch auf die Sorgen und Wünsche des Hypnotisanden eingeht. Ein wichtiger Teil des Rapports ist es, eine Atmosphäre zu schaffen, in der der Hypnotisand sich angenommen und wertgeschätzt fühlt. Dies führt dazu, dass der Hypnotisand in der Lage ist, die Schutzmechanismen seines bewussten Verstandes loszulassen und sich auf den Prozess der Hypnose einzulassen.

Ein guter Rapport bedeutet, dass der Hypnotiseur in der Lage ist, eine Verbindung zu seinem Gegenüber herzustellen, die von Empathie, Verständnis und Respekt geprägt ist. Dies gelingt oft durch aktives Zuhören, das Eingehen auf die individuellen Bedürfnisse des Hypnotisanden und die Fähigkeit, eine entspannte und angenehme Atmosphäre zu schaffen. Ein Hypnotisand, der sich verstanden und unterstützt fühlt, wird eher bereit sein, sich in einen tiefen Trancezustand führen zu lassen.

Eine wichtige Technik, die der Hypnotiseur verwendet, um Rapport aufzubauen und die Hypnotisierbarkeit zu erhöhen, ist das **Pacing**. Der Begriff 'Pacing' stammt aus dem Englischen und bedeutet 'Mitschwingen' oder 'Mitgehen'. Im hypnotischen Kontext beschreibt es die Fähigkeit des Hypnotiseurs, sich dem Verhalten, der Sprache und den Emotionen des Hypnotisanden anzupassen, um eine Synchronisation herzustellen und eine Verbindung auf unbewusster Ebene zu schaffen. Beim Pacing geht es darum, sich dem Verhalten, der Sprache und den Emotionen des Hypnotisanden anzupassen, um eine Verbindung auf unbewusster Ebene herzustellen. Der Hypnotiseur "spiegelt" dabei bewusst das Verhalten des Hypnotisanden, indem er dessen Körperhaltung, Sprachmuster oder emotionale Reaktionen übernimmt, um ein Gefühl der Vertrautheit und des Verständnisses zu erzeugen. Diese Spiegelung wirkt auf das Unterbewusstsein des Hypnotisanden, der unbewusst wahrnimmt, dass der Hypnotiseur auf seiner Wellenlänge ist.

Pacing ist deshalb ein sehr effektiver erster Schritt, weil es dem Hypnotisanden zeigt, dass der Hypnotiseur auf seiner Seite steht und ihn wirklich versteht. Dies trägt zur Herstellung einer tiefen, unbewussten Bindung bei, die den Hypnotisanden in einen Zustand der Offenheit und Entspannung versetzt. Dadurch entsteht Vertrauen, und der Hypnotisand ist eher bereit, sich dem Prozess hinzugeben. Das Pacing hilft also dabei, die innere Bereitschaft und das Vertrauen des Hypnotisanden zu fördern, was für das erfolgreiche Erreichen einer Trance wesentlich ist.

Wie funktioniert Pacing?

Pacing umfasst verschiedene Aspekte der Kommunikation und Anpassung, um eine tiefe Verbindung aufzubauen und die Hypnotisierbarkeit zu fördern. Hier sind die wichtigsten Techniken:

- **Sprachliche Anpassung:** Der Hypnotiseur verwendet ähnliche Wörter und Formulierungen wie der Hypnotisand. Dies kann beinhalten, den Wortschatz des Hypnotisanden zu übernehmen und dessen Sprachstil nachzuahmen, um so auf unbewusster Ebene ein Gefühl von Vertrautheit zu erzeugen. Wenn der Hypnotisand beispielsweise oft über Gefühle spricht, verwendet der Hypnotiseur ebenfalls gefühlsbetonte Ausdrücke. Dies schafft ein Gefühl des Verstehens und der Resonanz. Auf diese Weise fühlt sich der Hypnotisand gesehen und gehört, was die Basis für eine erfolgreiche Trance legt.

- **Körperliche Spiegelung:** Der Hypnotiseur spiegelt unauffällig die Körperhaltung, die Atmung oder sogar die Gestik des Hypnotisanden. Diese Form des Pacings schafft auf nonverbaler Ebene Vertrauen, da der Hypnotisand unbewusst das Gefühl bekommt, dass der Hypnotiseur auf seiner Wellenlänge ist. Diese subtile Spiegelung sorgt dafür, dass der Hypnotisand eine tiefe Verbindung und ein Gefühl von Vertrautheit empfindet, ohne es bewusst wahrzunehmen.
- **Emotionales Pacing:** Der Hypnotiseur geht auch auf die Emotionen des Hypnotisanden ein. Wenn der Hypnotisand aufgeregt oder angespannt ist, reagiert der Hypnotiseur einfühlsam und passt seine Stimme und seine Worte an, um eine beruhigende Wirkung zu erzielen. Das Einfühlen in die emotionalen Zustände des Hypnotisanden ist entscheidend, um ihn dort abzuholen, wo er sich befindet, und ihn dann sanft in den gewünschten Zustand der Entspannung zu führen.

Pacing und Leading

Das Pacing ist oft der erste Schritt, um eine starke Verbindung zu schaffen, da es dem Hypnotisanden das Gefühl gibt, dass der Hypnotiseur ihn versteht und sich auf seine Bedürfnisse einstellt. Indem der Hypnotiseur das Verhalten des Hypnotisanden nachahmt, entsteht eine gemeinsame Basis, die es ermöglicht, eine vertrauensvolle Beziehung aufzubauen. Der Hypnotisand fühlt sich in seinen Gefühlen und Verhaltensweisen bestätigt, was die Bereitschaft verstärkt, sich auf den Prozess einzulassen.

Sobald der Hypnotiseur erfolgreich ein Pacing etabliert hat, kann er beginnen, den Hypnotisanden zu "leiten" (Leading). Das bedeutet, dass der Hypnotiseur sanft beginnt, den Zustand des Hypnotisanden zu verändern, indem er Suggestionen gibt, die den Trancezustand vertiefen. Der Übergang vom Pacing zum Leading ist fließend und basiert auf der zuvor aufgebauten Vertrauensbasis.

Ein Beispiel für diesen Prozess könnte so aussehen:

"Du atmest ruhig und gleichmäßig... und während du bemerkst, wie dein Atem immer tiefer wird, spürst du vielleicht, wie sich eine angenehme Entspannung in deinem Körper ausbreitet."

Hier beginnt der Hypnotiseur mit dem Pacing (Beschreibung der Atmung) und geht dann zum Leading über (Anleitung zur Entspannung). Durch diesen Prozess wird der Hypnotisand sanft in die gewünschte Richtung geführt, ohne das Gefühl zu haben, die Kontrolle zu verlieren. Das Pacing schafft also die Basis, während das Leading die Trance vertieft und verstärkt.

Zusammenfassung: Hypnotisierbarkeit und Rapport

Die Hypnotisierbarkeit ist individuell verschieden und hängt von Faktoren wie Vertrauen, Offenheit, Konzentrationsfähigkeit und persönlicher Bereitschaft ab. Der Rapport zwischen Hypnotiseur und Hypnotisand ist entscheidend für den Erfolg der Hypnose, da er die Grundlage für eine vertrauensvolle Zusammenarbeit schafft. Der Hypnotisand muss sich verstanden, sicher und unterstützt fühlen, um sich auf den Prozess der Hypnose einzulassen. Die Technik des Pacings spielt dabei eine wichtige Rolle, da sie hilft, eine Verbindung auf unbewusster Ebene aufzubauen und den Hypnotisanden auf den Prozess der Hypnose vorzubereiten. Durch Pacing und anschließendes Leading kann der Hypnotiseur den Hypnotisanden sanft in die Trance führen und ihn unterstützen, einen tiefen hypnotischen Zustand zu erreichen.

Rapport, Pacing und Leading sind miteinander verbundene Schritte, die sicherstellen, dass der Hypnotisand während des gesamten Hypnoseprozesses in guten Händen ist.

20. Die Wirksamkeit von Hypnose bei Körperlichen Erkrankungen

Hypnose ist nicht nur ein faszinierendes Werkzeug zur Arbeit mit dem Unterbewusstsein, sondern auch eine anerkannte Methode, um körperliche Beschwerden zu lindern. Die wissenschaftlich nachgewiesene Wirksamkeit von Hypnose bei diversen körperlichen Erkrankungen zeigt, dass Hypnose eine bedeutende Rolle in der modernen Medizin spielen kann. In diesem Kapitel möchte ich auf die Wirkung von Hypnose auf körperliche Erkrankungen eingehen, einige konkrete Beispiele nennen und den Mechanismus der Hypnose im Vergleich zum Placeboeffekt erläutern, der zu physiologischen Veränderungen führen kann.

In den letzten Jahrzehnten hat sich die Wissenschaft zunehmend mit der Wirkung von Hypnose auf körperliche Erkrankungen beschäftigt, und zahlreiche Studien haben gezeigt, dass Hypnose eine positive Wirkung auf eine Vielzahl von Beschwerden haben kann. Besonders bei chronischen Schmerzen, funktionellen Störungen und psychosomatischen Erkrankungen hat sich Hypnose als hilfreich erwiesen. Der Mechanismus, wie Hypnose physiologische Veränderungen hervorruft, ist zwar noch nicht bis ins letzte Detail verstanden, doch die bisherigen Erkenntnisse legen nahe, dass durch den hypnotischen Zustand tiefgehende Veränderungen im Gehirn und im Nervensystem hervorgerufen werden können, die eine Verbesserung des Gesundheitszustandes bewirken.

Durch Hypnose wird der Fokus von unangenehmen Empfindungen auf positive Suggestionen gelenkt, was oft eine Veränderung der körperlichen Reaktionen zur Folge hat. Der Prozess der Hypnose kann als eine tiefe Form der Entspannung betrachtet werden, die es ermöglicht, die körpereigenen Heilungsprozesse zu aktivieren. Die Forschung zeigt, dass während einer hypnotischen Sitzung die Stressreaktionen des Körpers reduziert werden, was sich positiv auf das Immunsystem und die allgemeine Regeneration auswirkt.

Beispiele für körperliche Erkrankungen, die durch Hypnose beeinflusst werden können

- **Chronische Schmerzen:** Hypnose wird oft bei der Behandlung chronischer Schmerzen eingesetzt, zum Beispiel bei Migräne, Fibromyalgie oder Rückenschmerzen. Studien zeigen, dass Patienten, die sich einer hypnotischen Schmerztherapie unterziehen, weniger Schmerzen empfinden und ihre Lebensqualität verbessert wird. Durch die Suggestionen während der Hypnose können Schmerzempfindungen gemindert und das Schmerzbewusstsein verringert werden. Der hypnotische Zustand ermöglicht es dem Gehirn, die Schmerzwahrnehmung aktiv zu verändern und die Empfindlichkeit gegenüber Schmerzsignalen zu reduzieren. Dies führt oft dazu, dass Patienten weniger Schmerzmittel benötigen und insgesamt eine höhere Lebensqualität erfahren.
- **Reizdarmsyndrom (IBS):** Beim Reizdarmsyndrom, einer Erkrankung, die oft mit starker Einschränkung der Lebensqualität einhergeht, hat sich Hypnose als sehr effektiv erwiesen. Patienten berichten von einer

signifikanten Reduktion der Symptome wie Bauchschmerzen, Blähungen und Durchfall. Die sogenannte "gut-directed hypnotherapy" (bauchfokussierte Hypnotherapie) ist eine weitverbreitete Methode, um das Nervensystem im Bauch gezielt zu beruhigen und die Symptome zu lindern. Diese Therapieform beeinflusst das Zusammenspiel zwischen Gehirn und Darm positiv, was wiederum das Wohlbefinden steigert. Der Einsatz von Hypnose bei IBS zeigt, wie stark die Psyche die körperlichen Prozesse beeinflussen kann und wie Hypnose als Brücke genutzt werden kann, um Körper und Geist in Einklang zu bringen.

- **Hauterkrankungen:** Hypnose kann auch bei Hauterkrankungen wie Psoriasis, Neurodermitis oder Warzen hilfreich sein. Der Stressabbau durch Hypnose und das gezielte Setzen von Suggestionen zur Verbesserung der Haut tragen zur Heilung bei. Studien zeigen, dass Patienten, die Hypnose bei der Behandlung ihrer Hautprobleme anwenden, eine schnellere Abheilung und weniger Symptome erfahren. Hypnose kann dabei helfen, die Immunreaktion des Körpers zu regulieren und den Heilungsprozess zu beschleunigen. Insbesondere bei Hauterkrankungen, die durch Stress oder psychosomatische Faktoren verstärkt werden, hat sich die hypnotische Behandlung als sehr vorteilhaft erwiesen. Die Haut als unser größtes Organ reagiert stark auf mentale Zustände, und Hypnose kann helfen, diese Wechselwirkung positiv zu beeinflussen.

- **Bluthochdruck:** Bei Bluthochdruckpatienten hat sich gezeigt, dass Hypnose helfen kann, den Blutdruck zu senken, indem die Stressreaktionen im Körper reduziert werden. Hypnose kann dabei helfen, das autonome Nervensystem zu beeinflussen, wodurch der Blutdruck auf natürliche Weise gesenkt werden kann. Studien belegen, dass regelmäßige hypnotische Sitzungen dabei helfen, den Blutdruck langfristig zu stabilisieren, indem sie eine tiefe Entspannung und ein besseres Stressmanagement fördern. Hypnose bietet damit eine wertvolle Ergänzung zu klassischen medikamentösen Therapien und kann Patienten dabei unterstützen, ein gesünderes Leben zu führen.

- **Asthma:** Hypnose hat auch bei der Behandlung von Asthma positive Effekte gezeigt. Sie kann dabei helfen, die Häufigkeit und Schwere von Asthmaanfällen zu reduzieren, indem der Hypnotisand lernt, seine Atemmuster zu kontrollieren und die Angst, die oft mit Asthma einhergeht, abzubauen. Durch gezielte Suggestionen kann die Atemmuskulatur entspannt werden, was zu einer Verbesserung der Symptome führt. Asthma ist oft eng mit Stress verbunden, und durch den Einsatz von Hypnose können sowohl die körperlichen als auch die psychischen Faktoren positiv beeinflusst werden.

Die Wirkung der Hypnose auf das Gehirn und der Vergleich zum Placeboeffekt

Ein wichtiger Aspekt der Wirksamkeit der Hypnose ist der Einfluss auf das Gehirn. Untersuchungen mit bildgebenden Verfahren haben gezeigt, dass während der Hypnose bestimmte Gehirnareale aktiviert werden, die mit der Schmerzverarbeitung, der Selbstwahrnehmung und der körperlichen Entspannung in Zusammenhang stehen. Die Hypnose verändert die Art und Weise, wie das Gehirn Signale verarbeitet, was dazu führt, dass Schmerzen oder andere unangenehme Empfindungen abnehmen können. Diese Veränderungen betreffen insbesondere die Aktivität im präfrontalen Kortex, der für die Schmerzbewertung verantwortlich ist, und die Schmerzwahrnehmung im limbischen System. Dies zeigt, dass Hypnose in der Lage ist, physiologische Veränderungen hervorzurufen, die die Heilung von Krankheiten unterstützen können.

Interessanterweise weist die Wirkung der Hypnose einige Parallelen zum Placeboeffekt auf. Der Placeboeffekt ist bekannt dafür, dass allein der Glaube an die Wirksamkeit einer Behandlung körperliche Veränderungen bewirken kann. Auch bei der Hypnose spielt die Erwartungshaltung des Hypnotisanden eine wichtige Rolle: Wenn der Hypnotisand daran glaubt, dass die Hypnose ihm helfen wird, werden bestimmte Prozesse im Gehirn angestoßen, die eine positive Wirkung auf den Körper haben können. Der Unterschied zur Hypnose liegt jedoch darin, dass die Hypnose ein aktiverer Prozess ist, der durch gezielte Suggestionen verstärkt wird. Während beim Placeboeffekt die Wirkung vor allem durch den Glauben an die Behandlung entsteht, nutzt die Hypnose den Trancezustand, um spezifische physiologische Reaktionen zu verstärken.

Beim Placeboeffekt handelt es sich meist um eine unbewusste Reaktion, die durch die Erwartungshaltung ausgelöst wird, während die Hypnose bewusst gesteuert und durch den Hypnotiseur gezielt angeleitet wird. Hypnose kann gezielt auf bestimmte Körperfunktionen einwirken, wie zum Beispiel die Regulierung des Blutdrucks oder die Modulation von Schmerzsignalen. Der Placeboeffekt zeigt uns jedoch, wie stark der Glaube und die Erwartungshaltung den Körper beeinflussen können – eine Fähigkeit, die in der Hypnose gezielt genutzt und verstärkt wird.

Obwohl die Wissenschaft die Wirkung der Hypnose auf viele körperliche Erkrankungen belegen konnte, sind die genauen Prozesse im Gehirn noch nicht vollständig erforscht. Es wird angenommen, dass der Trancezustand, der während der Hypnose erreicht wird, bestimmte Bereiche im Gehirn so beeinflusst, dass das autonome Nervensystem und das Immunsystem angeregt werden, Heilungsprozesse zu fördern. Der hypnotische Zustand scheint tief verankerte neurologische Muster zu verändern, die ansonsten schwer zugänglich sind. Dies könnte erklären, warum Hypnose in der Lage ist, sowohl chronische Beschwerden zu lindern als auch akute Heilungsprozesse zu fördern.

Es scheint, als würde der hypnotische Zustand eine Brücke zwischen Geist und Körper schlagen, die es ermöglicht, durch gezielte Suggestionen physiologische Reaktionen hervorzurufen. Einige Hypothesen gehen davon aus, dass Hypnose das Gleichgewicht zwischen Sympathikus und Parasympathikus wiederherstellen kann, was zu einer verbesserten Selbstheilung führt. Darüber hinaus wird vermutet, dass durch den Trancezustand die Aktivität von Neurotransmittern wie Endorphinen erhöht wird, die eine schmerzlindernde Wirkung haben. Diese Aspekte sind jedoch noch Gegenstand der Forschung und bedürfen weiterer wissenschaftlicher Untersuchung.

Ein Beispiel dafür ist die Schmerzkontrolle: Unter Hypnose kann der Hypnotisand dazu angeleitet werden, Schmerzen anders wahrzunehmen oder gar auszublenden. Dies weist darauf hin, dass das Gehirn unter Hypnose in der Lage ist, Schmerzsignale zu modulieren oder deren Wahrnehmung zu verändern. Dieser Prozess ist vergleichbar mit dem, was beim Placeboeffekt geschieht, jedoch mit dem Unterschied, dass der hypnotische Zustand eine gezielte Anleitung und einen bewussten Prozess beinhaltet. Durch den gezielten Einsatz von Hypnose kann die Schmerzwahrnehmung deutlich reduziert werden, was besonders bei chronischen Schmerzen eine große Erleichterung bringen kann.

Zusammenfassung

Die Hypnose ist ein wirksames Werkzeug, das nicht nur im psychologischen Bereich, sondern auch bei körperlichen Erkrankungen Anwendung findet. Die wissenschaftlichen Erkenntnisse zeigen, dass Hypnose bei verschiedenen Erkrankungen wie chronischen Schmerzen, Reizdarmsyndrom, Hauterkrankungen, Bluthochdruck und Asthma helfen kann. Obwohl die genauen Prozesse im Gehirn noch nicht vollständig erforscht sind, gibt es Hinweise darauf, dass der hypnotische Zustand eine Brücke zwischen Geist und Körper bildet und physiologische Veränderungen ermöglicht. Der Vergleich zum Placeboeffekt verdeutlicht, dass die Erwartungshaltung und die gezielten Suggestionen in der Hypnose eine wichtige Rolle spielen, um Heilungsprozesse zu unterstützen.

Hypnose ist somit ein vielseitiges und kraftvolles Werkzeug, das sowohl in der therapeutischen Praxis als auch in der Medizin immer mehr an Bedeutung gewinnt. Durch das Verständnis der noch nicht vollständig erforschten Mechanismen im Gehirn und das gezielte Nutzen der hypnotischen Techniken können Heilungsprozesse auf tiefgreifende Weise unterstützt werden. Die Möglichkeit, den Körper durch die Kraft des Geistes zu beeinflussen, zeigt das enorme Potenzial der Hypnose – eine Fähigkeit, die wir vielleicht erst in Ansätzen verstehen, deren Wirkungen jedoch bereits heute vielen Menschen zu mehr Lebensqualität verhelfen.

Schlusswort: Die Verantwortung der Hypnose

Liebe Leserinnen und Leser,

ich hoffe, dass dieses Buch Ihnen einen wertvollen Einblick in die faszinierende Welt der Hypnose gegeben hat. Es war mein Anliegen, die Mythen zu entzaubern, wissenschaftliche Fakten zu liefern und Ihnen die Möglichkeiten aufzuzeigen, die Hypnose in verschiedenen Bereichen bieten kann. Hypnose ist ein kraftvolles Werkzeug, das, wenn es richtig angewandt wird, das Potenzial hat, tief verwurzelte Muster zu verändern, Heilung zu fördern und das Leben auf eine sehr positive Weise zu bereichern. Hypnose ist eine Fähigkeit, die es uns ermöglicht, die Barrieren unseres bewussten Geistes zu überwinden und den Weg zu tiefen, inneren Veränderungen zu ebnen. Sie kann uns dabei helfen, alte Glaubenssätze aufzulösen, Verhaltensweisen zu verbessern und eine neue Perspektive auf das eigene Leben zu gewinnen.

Egal, ob Sie Hypnose für sich selbst ausprobieren möchten, in einem therapeutischen Kontext arbeiten oder einfach Ihr Wissen erweitern wollten – ich hoffe, dass dieses Buch Ihnen eine fundierte Basis vermittelt hat, um die Macht des Geistes besser zu verstehen. Hypnose ist keine Magie, sondern eine Möglichkeit, die Verbindungen zwischen Körper, Geist und Unterbewusstsein zu nutzen, um mehr Balance und Wohlbefinden zu erreichen. Dabei ist es wichtig zu verstehen, dass der hypnotische Zustand kein ungewöhnlicher oder mystischer Zustand ist – er ist vielmehr ein natürlicher Teil unseres Lebens. Wir alle erleben in unserem Alltag regelmäßig Trance-Zustände, sei es beim Tagträumen, beim Lesen eines spannenden Buches oder sogar beim Fahren einer vertrauten Strecke. Hypnose nutzt diese natürlichen Zustände gezielt, um positive Veränderungen zu ermöglichen.

Hypnose und ethische Verantwortung

Besonders wichtig ist es, sich bewusst zu machen, dass Hypnose immer verantwortungsvoll und nach ethischen Grundsätzen angewendet werden sollte. Das Vertrauen der Menschen, die sich in diesen besonderen Zustand begeben, verdient höchsten Respekt. Jede hypnotische Sitzung sollte darauf abzielen, das Wohl der betroffenen Person zu fördern, niemals zu manipulieren oder deren Freiheit zu untergraben. Der Hypnotiseur trägt eine große Verantwortung, denn das Unterbewusstsein ist ein empfindsamer und beeinflussbarer Bereich, der mit Bedacht und Sorgfalt behandelt werden muss. Nur durch eine ethisch einwandfreie Anwendung kann die wahre Stärke der Hypnose genutzt werden – als ein Werkzeug, das Menschen hilft, ihr volles Potenzial zu entfalten, ihre Herausforderungen zu meistern und ihr Wohlbefinden zu steigern. Es ist entscheidend, dass die Menschen, die Hypnose anwenden, gut ausgebildet sind und ein tiefes Verständnis für die psychologischen Prozesse haben, die bei einer hypnotischen Trance ablaufen. Es sollte immer das Ziel sein, die Autonomie der hypnotisierten Person zu respektieren und sie zu unterstützen, selbstbestimmt ihre Ziele zu erreichen.

Die ethischen Grundsätze der Hypnose beinhalten auch die Bereitschaft des Hypnotiseurs, die Grenzen der eigenen Fähigkeiten zu erkennen. Hypnose ist ein mächtiges Werkzeug, aber sie ist kein Allheilmittel und ersetzt nicht notwendige medizinische oder psychotherapeutische Behandlungen. Ein verantwortungsvoller Hypnotiseur wird stets die Grenzen seiner Kompetenz respektieren und gegebenenfalls die Zusammenarbeit mit anderen Fachleuten suchen, um die bestmögliche Unterstützung für die betroffene Person sicherzustellen. Nur so kann gewährleistet werden, dass Hypnose zu einem positiven, lebensverändernden Werkzeug wird, das auf sicheren und respektvollen Grundlagen basiert.

Die Reise nach innen

Denken Sie daran, dass jede Reise mit dem ersten Schritt beginnt. Hypnose bietet Ihnen die Chance, auf eine Entdeckungsreise in Ihre eigene innere Welt zu gehen. Vertrauen Sie sich selbst und Ihrem Unterbewusstsein. Die größten Veränderungen beginnen oft in den stillsten Momenten, tief in uns. Diese stillen Momente, in denen wir uns ganz auf unser Inneres konzentrieren, sind oft der Schlüssel zu einem tieferen Verständnis unserer selbst. Wenn Sie den Mut haben, sich auf diese Reise einzulassen, können Sie eine neue Ebene des Bewusstseins erreichen, alte Blockaden lösen und neue Perspektiven für Ihr Leben entwickeln. Hypnose ist dabei kein schneller Zaubertrick, sondern ein Prozess, der Zeit, Vertrauen und Hingabe erfordert – doch die Ergebnisse können tiefgreifend und lebensverändernd sein.

Vielen Dank, dass Sie sich auf diese Reise eingelassen haben. Ich wünsche Ihnen weiterhin spannende Entdeckungen und positive Erfahrungen. Mögen Sie die Kraft finden, Ihr eigenes Leben bewusst zu gestalten, innere Stärke zu entwickeln und die positiven Veränderungen, die Sie anstreben, Schritt für Schritt umzusetzen. Hypnose ist nur ein Werkzeug – die wahre Macht liegt in Ihnen selbst. Nutzen Sie diese Macht, um Ihr Leben in die Richtung zu lenken, die Ihnen Erfüllung, Freude und Frieden bringt. Seien Sie geduldig mit sich selbst und lassen Sie sich von der faszinierenden Reise in Ihr eigenes Inneres überraschen. Jeder von uns hat die Fähigkeit, über sich hinauszuwachsen und das Beste aus sich herauszuholen. Ich hoffe, dass dieses Buch Ihnen dabei helfen konnte, den ersten Schritt auf diesem Weg zu machen.

Mit den besten Wünschen für Ihre Zukunft,
Christof Bechtiger